危中有机

实体门店破局之道

杨化东 ◎ 著

中国铁道出版社有限公司
CHINA RAILWAY PUBLISHING HOUSE CO., LTD.

图书在版编目（CIP）数据

危中有机：实体门店破局之道/杨化东著 . —北京：中国铁道出版社有限公司，2023.8

ISBN 978-7-113-30040-1

Ⅰ.①危… Ⅱ.①杨… Ⅲ.①商店-商业经营 Ⅳ.①F717

中国国家版本馆CIP数据核字（2023）第046641号

书　　名：危中有机——实体门店破局之道
　　　　　WEI ZHONG YOU JI: SHITI MENDIAN POJU ZHI DAO
作　　者：杨化东

责任编辑：马慧君　　编辑部电话：（010）51873005　　投稿邮箱：zzmhj1030@163.com
封面设计：尚明龙
责任校对：苗　丹
责任印制：赵星辰

出版发行：中国铁道出版社有限公司（100054，北京市西城区右安门西街8号）
网　　址：http://www.tdpress.com
印　　刷：番茄云印刷（沧州）有限公司
版　　次：2023年8月第1版　2023年8月第1次印刷
开　　本：710 mm×1 000 mm　1/16　印张：14.5　字数：175千
书　　号：ISBN 978-7-113-30040-1
定　　价：69.00元

版权所有　侵权必究

凡购买铁道版图书，如有印制质量问题，请与本社读者服务部联系调换。电话：（010）51873174
打击盗版举报电话：（010）63549461

序言

在当今这个快速发展的社会里，伴随着科技的进步和移动互联网的普及，实体门店的经营压力加大。本书是为正在寻找转型升级途径、希望重振雄风的实体门店所写。通过阅读本书，读者将深入理解实体门店所面临的问题，并找出未来发展的可能性。

首先，我们必须要正视现实。

很多实体门店的经营并不乐观，在面临竞争压力时无法适应。造成这种情况的主要原因包括：

网络购物兴起，让消费者越来越多地选择在网上购物，导致实体门店流量减少；上涨的经营成本，如房租、人工和库存等方面的成本压力使得实体门店盈利能力受限；传统经营模式僵化，缺乏创新和变革，无法满足消费者多样化的需求；行业竞争加剧，新型商业模式不断涌现，实体门店面临空间挤压……

面对这些问题，实体门店的出路究竟在哪里？

我相信，实体门店仍有巨大的发展潜力和市场空间，关键在于如何寻找正确的转型升级之道，以适应不断变化的市场需求。

实体门店可以从以下几个方面着手转型升级：

第一，发挥实体门店的优势，如提供实物体验、售后服务和个性化定制等，强化顾客体验；

第二，整合线上线下的资源，打造全渠道销售和服务体系，使实体门店和电商平台相互补充、相互配合；

第三，利用大数据和人工智能等技术手段，提升门店的运营效率并降低成本；

第四，不断创新商业模式，使门店与门店之间实现差异化竞争，满足消费者个性化的需求。

在过去的几年里，我一直致力于研究实体门店的经营模式和转型升级的问题，并因此积累了丰富的实践经验。我深信，只要实体门店敢于拥抱时代的发展趋势，迎接时代的变革，积极寻求创新，包括思维的创新和技术的创新，就一定能够走出困境，迎接光明的未来！

本书是我心血的结晶，汇集了大量实体门店转型升级的案例和经验分享。我希望通过这本书，把我所学、所得、所悟毫无保留地传递给每一个需要帮助的实体门店经营者，帮助他们摆脱困境、重拾信心，实现可持续发展。

除了提供实践性的建议外，本书还深入剖析了当下的商业特征和发展趋势,以期帮助读者更全面地了解实体门店所面临的挑战和机遇。同时,我也希望本书能激发更多的商界人士和经济学者关注实体门店的发展,共同探讨实体门店转型升级的路径。

在这个信息爆炸的时代,我们要学会抓住机遇,迅速应对变革!实体门店虽然面临巨大的挑战,但也正是因为这些挑战,才使得转型升级尤为重要,它已经迫在眉睫!只有敢于面对现实、寻求创新,实体门店才能在激烈的市场竞争中立于不败之地。

本书旨在为实体门店提供一份详尽的转型升级指南,希望能为实体门店的振兴注入新的思维、新的模式。在这个充满变革的时代,让我们一起探索实体门店的未来,共同创造更美好的商业环境。

最后,我感谢每一位读者的关注和支持。希望本书能为读者带来灵感和帮助,更成为实体门店转型升级道路上的引路明灯。愿我们共同努力,携手创造中国辉煌的商业篇章!

杨化东
2023 年 3 月 23 日,北京

目 录

第一章 实体店萎缩：是一场败仗，更是一次革命

01 冲击实体店的并非电商 / 3
02 电商倒戈线下：实体店魅力未减 / 14
03 电商的春天，也是实体店的黄金时代 / 25

第二章 重新认知：互联网时代的实体店

01 实体店：多维度的流量入口 / 35
02 实体店营销裂变新模式 / 42
03 实体店是新营销的信任背书 / 49
04 实体店全方位的服务平台 / 55

第三章

网店思维：借力电商优势逆袭

01　让网络成为店铺的另一处入口 / 61
02　实体店借鉴网店经验 / 68
03　虚拟社交，真实流量 / 78
04　实体店也要开网店 / 85
05　稳扎稳打开通线上销售线 / 92

第四章

用户体验：实体店突围的最佳着力点

01　重塑用户思维，紧跟用户需求 / 101
02　进店如进家，顾客自然买单 / 109
03　快捷支付，不让购物快感中断 / 116
04　小店也可以做出轻奢风 / 123
05　产品可以单一，体验尽量多元 / 128

第五章 店铺管理：让店铺运营精益求精

01 实体店的大数据变革 / 137

02 八招管好现金流 / 145

03 简化流通环节，重整供应链 / 154

04 利用数字摸准顾客喜好 / 159

05 互联网时代管理也需联网 / 167

06 送货上门，做零距离电商 / 175

第六章 裂变：实体店的破局之道

01 拯救实体店突围转型的不二法门——超级用户思维 / 185

02 打造超级用户体系的阵法解析——会员制五步循环法 / 193

03 会员制落地实施指南 / 202

04 会员制战术应用及案例解析 / 211

后记 / 221

01

第一章

实体店萎缩：是一场败仗，更是一次革命

互联网的快速发展逐步渗透进各行各业，这一股潮流把实体店冲撞得很受伤，特别是受市场行情的影响，近年来电商再度站上风口浪尖，使得实体店经营出现暂时困难。一时间，各种声音甚嚣尘上，许多人认为实体店的辉煌时代已经一去不复返了。在电商时代，实体店当真只有没落了吗?

01 冲击实体店的并非电商

从商务部发布的数据来看，2011—2020 年的 10 年间，我国电子商务交易额确实呈爆发式增长状态，仅 2020 年就达到 37.21 万亿元，其中，网上零售在社会消费品零售总额的占比达到 30.00%，这一数据在 2011 年却只有 4.3%。专家分析预测，网上零售的占比在随后一段时间里还将保持上涨态势。

实体店是否打了败仗，数据是最直观的体现。实体店不仅在市场份额中所占比例越来越小，空间越来越窄，而且将来必然面临更加严酷的考验。但是，实体店也并非无路可走，实体店要想突围就必须面对现实开展一场全方位的转型变革，与互联网融合共生，这样才能在这场大潮中挺立并高质量地发展。

在互联网并不发达的年代里，人们主要的购物方式是实体店选购。当时，只要你拥有一家实体店铺，不管所售商品是何种类，只要有一定头脑，能够踏踏实实干活，一般都能获得一定利润。

然而，随着网络的高速发展、电商产业的繁荣，人们的生产、生活方式都发生了天翻地覆的变化。人们不仅足不出户就能购物，而且还能

"买全球""卖全球"。在这种情况下,实体店的生意大不如前,街上客流量越来越少,门面也显得格外冷清。实体店的商家每天起早贪黑,一年下来,除去房租、人员开支和商品成本后所剩无几,部分实体店甚至开始出现亏本、关门倒闭的现象。

一、实体店铺倒下的原因

实体店不断倒下,到底是什么原因导致的呢?很多人第一时间可能会想到是受电商冲击。这是时代的浪潮,当电商来袭,不少实体店失去客源而关门,但是更多人判断:"实体店不会消亡,一定会以另外一种方式存在",这种方式也就是后面提到的新零售。

自从淘宝等电商平台崛起之后,由于线上价格低廉、产品丰富,年轻人宅在家里就可以买到各种各样实惠好用的商品,再加上平时工作忙,不少年轻人不喜欢逛街了,这确实给实体生意造成了一定影响。

特别是电商平台促销活动比较多,每年"6·18""双11"两次规模盛大的促销活动,加之平时的一些小促销活动,让众多消费者尝到了电商的甜头。从"双11"的消费数据我们就可以看出,短短几个小时天猫、京东等大的电商平台消费额就超过2 000亿元。消费者的口袋被这些大大小小的活动掏得精光,自然也就不想着再去线下买日常消费品了。

可即便是这样,就能简单地把实体门店萎缩的原因,完全归结为互联网平台的兴起吗?有依据吗?事实上,电商的快速发展是"压倒骆驼的最后一根稻草",把责任完全归结为电商的影响肯定是说不过去的。

我们先来看一个例子,这也是当下一些实体店的现状:

郑州曾拥有全国最大的服装批发市场,从事服装贸易的商户不计其数,老陈夫妇就是其中之一。从20世纪90年代开始,他们做了近

20年的服装生意,从一个店面不足20平方米的小店做起,最后成为某品牌服装的总代理,最辉煌的时期在河南开了十余家分店,挣得盆满钵满。

随后,大规模网购热潮来袭,老陈夫妇的生意也日趋下滑,因为对互联网不熟悉,加之对网络发展趋势认识不清,只能眼睁睁看着自己辛苦打下的基础慢慢消散。于是,他们开始对淘宝网、京东网等互联网平台抱怨连连,一直说是网店抢了服装店的生意。

他们并没有放弃,坚信靠努力还可以挽回,于是起早贪黑、努力经营,但始终不见起色,生意反而越来越差,房租压力、店员工资压得他们喘不过气,无奈从2011年起不得不陆续关闭多家店铺,到2015年底彻底退出了服装行业。

虽然年近半百,可老陈夫妇仍然干劲十足,他们不甘心以这样的方式收场。他们用多年拼搏而来的积蓄,决定在郑州开一家餐馆,理由很简单,他们觉得互联网可以卖衣服、日用品,甚至是电子产品及家居用品,但干餐饮需要线下厨师做饭,这件事互联网肯定是做不来的。

但这次显然他们又判断失误了,随着饿了么、美团外卖等平台的兴起,"互联网+餐饮"的发展势头旺盛,也令传统餐饮行业步履蹒跚。在当今快节奏的生活下,年轻人更加倾向于通过互联网平台叫份外卖,便捷、快速的特性令吃外卖的年轻人十分喜爱,加上平台时常做活动送优惠券,更是笼络了一大批"铁粉"。

如今,老陈夫妇还在艰难支撑着餐馆的生意,近两年的特殊情况更是雪上加霜,可总的来算餐馆还是能勉强维持生计的。老陈夫妇的思维也在挫折中慢慢转变,他们尝试"触网",通过网络宣传提升知名度,用外卖平台增加部分销量。但是他们始终认为,是互联网的出现使得实体门店越来越难干。

老陈夫妇的经历和想法,也是当下不少实体门店经营者的切身感受。其实,不仅是这些个体户实体店生意不好做,就连一些知名品牌的生意也是举步维艰。比如服饰鞋履行业,来自福建晋江的某知名运动品牌三年关了1 400家门店,陷入了33亿元的债务危机。几家曾经火爆中国的服装品牌,也是大量关闭门店。

通过案例,我们对实体店不断倒下的原因有了初步了解,具体来说,实体店在经营中主要有以下几个痛点:

1. 运营成本高

对于实体店铺而言,运营成本主要在于房租成本和人工成本,这两项占据了大半,也是实体店能否生存并发展下去的关键所在。

房租是先行支付而且不能退款的,这对于实体店商家来说是第一大投资,不论店铺是否能盈利,房租都是要支付的;此外,还要支付水电费、燃气费、卫生费、网费、物业管理费等必要费用。这样看来,如果店铺盈利不够支付这部分费用,肯定要赔钱,时间越久赔得越多。

假如店铺生意很好,盈利水平远超房租等支出,实体店商家依然不能高枕无忧,因为接下来在"房子"问题上,还将面临两大威胁:首先,房东看你的生意比较好就涨房租,希望能从生意中分得更多利润;其次,房东可能会收回房子自己干,如此一来,店铺长久积攒下来的客源,就为房东做了"嫁衣",前期的投资和付诸的努力也打了水漂。所以,开一家实体店铺,商家要先考虑找到一个靠谱的房东,这是店铺生存的一项重要因素。

人工成本是运营成本高的另一个原因。一家具有一定规模的店铺,往往需要数名甚至数十名员工才能正常运行。我国拥有14亿人口,是典型的人口大国,劳动力相对来说比较充足,尤其是在20世纪

90年代前后,我国处于"人口红利"时期,依靠大量劳动力吸引了众多外资企业来开公司、建厂房。可近年间,我国逐渐出现人口老龄化趋势,劳动力人口数量有所下降;并且随着经济社会的快速发展,劳动力成本也有了大幅度提升。实体店用人成本也是水涨船高,尤其是一些稍有含金量的"技术工",薪资待遇相比几年前上涨幅度较大。在这种情况下,店铺人工成本占比升高,实体店的运营变得更加艰难。

2. 经营思维落后

传统实体店商家只顾着自己的"一亩三分地",习惯了坐在店里等待顾客上门,这在当下显然是行不通的。打败实体店的最根本原因,就是传统商家落后的经营思维。

很多实体店商家只顾自己卖商品,根本不会考虑顾客是谁。顾客进店以后,商家就想着推销自己想卖的商品,想要在生意不好做的情况下获得更多利润,其实这就陷入了不良发展的死循环。

首先是不了解客户的真实需求,即便一次性推销出了商品,也极难留住回头客;其次是忽略了客户的购物体验感,简单来说就是顾客在你店里买东西没有留下独特的感受,下次也就不会再来店里。

商家经营的时候只看重毛利率,却忽视了商品"流转率"。如果一件商品的毛利率低,但流转率高,也是能够获得较大利润的。而且恰恰毛利率低的商品是市面上比较畅销的产品,所以要敢于拿出毛利的空间多搞促销活动,以此来增加商品的流转速度。但现实往往是,实体店商家喜欢盯着毛利率高的商品推销,品类结构不合理,利润自然上不去。

当然,在员工管理等方面,传统实体店商家的经营理念也存在巨大问题。很多商家并没有意识到是自己的经营理念出了问题,反而经营失败把原因归结为外部环境的影响,他们看到其他很多商家也出现了生意不好做的情况,于是理所当然地认为自己的生意也会不好做,生意不好并不是自己的问题。

3. 同质化竞争

有时候商家会感叹:"现在的竞争太激烈了。"很多人听到这样的话不太理解,明明实体店的生意日趋下滑,怎么还会有如此激烈的竞争呢?其实这里所说的"竞争激烈"主要是同质化竞争。

我们走在街上通常会发现,在一条街上同类型的店铺会很多,奶茶店不出 100 米会有四五家,烟酒店更是遍地都是,距离如此近而且毫无特色,千店一面如何能脱颖而出呢?最终竞争力较弱的店铺面临的结果只能是倒闭。

4. 线上挑战

要问最近几年什么业态在中国发展得迅速,就非电商莫属了。随着互联网在中国的不断崛起,电商行业也迎来了发展新高潮,老百姓购物不再喜欢去实体店,用手机浏览商铺即可下单,快速便捷。

直播带货现在又站上了新的风口,它相当于电商+直播的结合体。具有一定影响力的网红,通过抖音等互联网直播平台,一场直播就能够卖出成百上千万元的货物,在"双 11"等活动时销售额甚至能达到数亿元,这无疑是对实体店的新一轮打击。

二、电商相比实体店的优势

以上所说的几点,都是实体店当下面临的严峻问题,可电商同样也无法摆脱这些问题的困扰。实体店需要交纳房租,电商同样需要向平台交费。电商发展到现阶段,最大的难点也是高"房租"。以某猫店铺为例，首先押金 10 万元，每年技术服务费 6 万元，扣点销售额 5％左右，这是基础的费用，如果商家希望店铺增加曝光量，就需要支付更多的费用让平台去推，而最费钱的是开"直通车"。除此以外，电商还需要仓储场地租赁费、客服工资、物流费用等，同质化竞争也是非常严重。

可即便如此，电商依然发展得如火如荼，这主要取决于电商消费更符合当下的趋势，电商相比传统实体店拥有以下几点优势：

1. 电商将传统的购物流程电子化、数字化

一件商品从出厂到出售，不再有更多的中间渠道，这种销售模式必然会减少商品流通中的人力、物力等成本，商品价格自然而然降低下来。消费者通过电商购物能够突破时间和空间限制，使得交易活动可以在任何时间、任何地点进行，从而大大提高了购物效率。如此一来，消费者肯定愿意通过有更多选择、相对便利且价格低廉的电商平台购物。

2. 电商具有开放性和全球性特点

电商平台自身特点能够为传统小商户创造更多交易机会。如果经营者在某地开了一家实体服装店，客户仅为附近的居民，客群比较固定，一旦失去这部分人群，生意也就难以维持。如果是电商，经营者的客户群体就是全国乃至全球的客户，只要店铺能够有良好的口碑，就会一传十、十传百，加之做一定的推广活动，很快就能风靡，获得较大收益。

3. 电商拥有无可比拟的互动性

这是很重要的一点原因，也是互联网本身的特点之一。通过电商平台购物，消费者可以清晰看到某一件商品的详细情况，以及其他人对该商品的评价，基于此消费者可以对商品有更加清晰的认识，也会作出相对正确或理性的选择。购买商品以后，消费者也可以把自己的反馈建议反映到企业或电商平台，从而做到良性互动。

4. 电商更注重自己的声誉

为了稳定客户数量，电商平台首先会实施多重措施来保护消费者的权益，比如"×天无理由退货"等，消费者不满意就可申请退货。"信誉度"在电商这种不见面交易中至关重要，失去了信誉也就失去了电商的"生命"。为什么电商都格外重视消费者对商品的星级评分？因为这将直接影响商品的销量和商家的收益。星级评分越高，平台权重越大，平台推荐你的产品给买家的机会越多；系统推荐流量越大，商家售卖产品的机会就越多。同时星级评分决定了顾客的第一印象，星级评分越高顾客对店铺的信任度越高、选择可能性越大。

三、实体店依然有很大生存空间

相比电商而言，实体店并非一无是处，它们同样也拥有自身独特的优势：

1. 真实的商品体验只有在实体店才能得到

当商品的价格相对低廉或者功能比较简单时，顾客通过电商购物不会有太多顾虑。但如果购买的是价格昂贵、功能复杂的商品，又或是需要后期服务支撑的商品，顾客通过电商购买时就会更加慎重，通常希望能够到线下实体店进行深度体验，待到全方位了解商品是否适合后，才能最终达成交易。因此，在真实体验上，实体店的优势是无法替代的。

餐饮行业这方面的特点很显著，当我们想订一家餐厅的外卖，肯定会更倾向于熟悉的餐厅。因为之前去过这家餐厅就餐，体验过这家餐厅的饭菜和服务，所以即便是选择外卖，也会选择这家餐厅。线下的感受和体验是线上买不来的。

2. 人与人之间面对面的信任感是互联网解决不了的

互联网上的消费都是不见面消费，彼此之间的信任更多是源于对电商平台的信任，或者是通过别人的评价来判断这家店铺的信誉度。而真实的线下实体店是可以做到一对一服务的，消费者可以更加直观感受到商家的服务。比如，人们常说理发就像去"冒险"，遇到不熟悉的理发师就极有可能剪不出自己想要的发型，为了规避这样的风险，人们通常会选择固定的理发店，甚至是固定的理发师，这便是线下实体店带给人们的信任。

3. 很多产品的售后服务也是互联网难以解决的

当消费者在店里买上一部手机，商家给新手机贴一张膜，可以说是举手之劳，但如果是线上买的手机，就难以实现这个简单的愿望。手机买来以后如果出了一些小毛病，线上维修需要联系卖家，将出问题的手机通过邮寄的方式返回，等待数日后修理完成再寄回，流程不仅烦琐且需要较长时间。实体店就避免了这样的问题，消费者可以直接把手机送到实体店，当面且清晰展示手机所出现的问题，小毛病当即便可修好；即便需要返厂维修，也可由实体店代为联系，省去不少自己操作的麻烦。

因此，电商虽然发展迅速，但实体店也并非没有生存空间。从各自的优劣势来看，实体店只要能抓住自身优势，不仅不会消亡，而且依然能够在当下的环境中做得风生水起。在很多实体店面临经营困难时，一些线下实体品牌，生意依然火爆。

打败实体店的也并非电商，而是人们新的消费习惯，消费习惯的改变并非一朝一夕。许多实体店经营者面对市场显露的种种危机迹象不以为意、不求创新,才最终陷入泥沼。时代在变化,实体门店的经营思维也要跟着变化才行,不然即使开再多的店,生意都不会好。

在实体门店经营困难时,在河南有一家百货商场从逆境中突围,那就是胖东来,其秘诀正是与时俱进,以用户为中心开展经营。说到胖东来,其在很多人印象中都是开在三线、四线的小城市里,但不说出来,你就不知道这家商场到底多厉害:有两家民营服务企业被收入哈佛商学院案例库,一家是海底捞,另外一家就是胖东来。胖东来俨然已经成为一面旗帜。

据说,只要胖东来开张,方圆一公里范围,就是其他零售商超的"禁地",就连小米的创办人也曾去河南拜访这家企业并称其为:零售业神一般的存在!

只要提到胖东来,就会有满屏幕的溢美之词。零售业能做到如此,一定是产品和服务非同一般。胖东来的老板于东来一直以来提倡的经营理念是:对老百姓好一点。

服务在于细节,细节关乎成败,胖东来对顾客体验的照顾细致到了商场的每个角落,把细节设计演绎得淋漓尽致。每层楼均有卫生间,一楼和二楼还设有母婴室,里面有婴儿车、净水机、热水、微波炉、更衣台,顾客还可在商场服务台免费租借充电宝,边逛边充电,细致到无以复加。除此之外,商场里还配备了无障碍卫生间、直饮水站、吸烟室,充分考虑了每位顾客在购物之余的各种需求。

胖东来不仅营造了良好的购物环境,创造了可以说最佳的用户体验,而且在产品体验端也竭尽所能地迎合顾客的消费习惯。产品说明、卖点宣传、应季广告基本覆盖了胖东来超市卖场的各个角落。每季水果蔬菜上市还要做大规模的更换,包括产品介绍、菜谱、营养价值等内容,丰富且实用。为了确保上架产品的质量,胖东来采购人员在甄选供货商的同时,也集中参与内部的产品管理培训。在胖东来,关于水果蔬菜的挑选、摆放、保存、包装等,有一本专门的《操作手册》,上岗员工需要经过学习培训,以此来保证货架上的商品新鲜、饱满,几乎不会出现坏斑、烂叶等情况。像生姜、大蒜这样的商品,顾客购买时通常会挑来拣去,最终剩下的品相不好难以出售,胖东来通常会将此类商品用食品袋或保鲜盒封装,这样不仅确保了产品质量,还提高了产品卖相,提升了产品溢价形象。

价格实惠也是顾客购物的重要考虑因素之一,虽然常利用各种节假日开展商品促销,但胖东来却不打价格战,它通过不断扩大自营商品的种类和规模,实现了价廉质优,此举不仅获得了消费者的肯定,也网罗了更多"铁粉"。

胖东来对用户消费习惯改变的精准把握是其能够在"百货萧条"中屹立不倒的重要原因,这也说明,实体店并非败在电商脚下,也不是受制于客观环境,而是故步自封酿成的苦果。

如今的商业零售模式早已不同往昔,大众的消费习惯仍处在变化之中。无论是对实体店还是电商,消费者都提出了新要求:更好的体验、更好的产品、更高的性价比。如果商家不能及时捕捉这些信息,适时改变陈旧的服务营销习惯,那么无论是实体店还是电商,都会在这场新零售变革中败下阵来。

02 电商倒戈线下：实体店魅力未减

在过去十几年时间里，淘宝、京东、当当等互联网平台凭借着巨大的流量优势，对线下实体店造成了很大冲击，部分实体店铺经营困难，倒闭的店铺也不少，可如今，这些互联网平台却调转船头，开始做起了线下销售。

天猫、京东纷纷开起了线下实体店铺。除此以外，还有很多美妆电商也开启了线下布局，就连依靠互联网销售起步的小米手机，其线下实体店铺也遍布大江南北，形成了小米生态链产品。由此可见，电商品牌转向线下，已经不再是某一个电商品牌的战略部署，而是整个行业发展的重要趋势。而"线上＋线下"的营销模式对传统店铺再次产生了强烈冲击。

电商如此大费周章铺开线上销售，现在却转过头来，想依靠实体店增加流量，这岂不是又回到原点了吗？其实不然，这看似无用的选择，其实是一种全新的销售模式，就是通过线上线下的互动形成一套完备体系，也就是所谓的"新零售"渠道。

一、新零售时代到来

在2016年召开的云栖大会上,"新零售"的概念第一次被提出。什么是新零售？新零售的到来,为何会给线下传统企业带来如此冲击？

新零售就是以互联网为依托,企业以"线上＋线下"的方式,对商品销售的过程进行重塑,实现线上线下购物场景无缝融合对接,不断优化消费者的购物体验,满足消费者的各种消费需求,是一种零售新模式。

1. 新零售针对的是"新"消费群体

随着时间的推移,曾经的"60后""70后"渐渐退休,生活在网络高速发展时代的"80后""90后"等群体成了消费主体,而年轻的"00后"也开始在消费上发力,这些消费群体的消费特点是注重品质、注重颜值、注重轻奢,并且具有国际化视野。根据相关数据显示,我国新中产的财富目前已经超过英国位居第三,而且新中产的财富占比已经达到了32.2%。随着消费年轻化、传播年轻化和产品年轻化,这种消费趋势带动了整个商务价格升级,产品价格带将从80～200元,升级到300～500元,而且300～500元不是次高端,而是商务的主流价格带。习惯网购的他们追求品质消费,这样的消费习惯,滋生出巨大的买方市场,这也就为新零售的发展创造了肥沃土壤。

2. 新零售开发的是"新"消费场景

打通线上线下是各大互联网平台的重要做法,如此一来,消费者在线上购物时也能感受实体门店的用户体验,同时在实体店购物时也能连通线上的信息与物流,在这种新的消费场景下,新零售的发展迸发出强大活力。

如今,在街上时常可见京东超市、天猫超市、无人超市等,诸多资本都瞄上了线下超市这块"蛋糕"。除电商平台转战线下超市以外，传统商超也开始转变观念，例如国美、永辉等，纷纷打造自己的App或者小程序，以线上线下相结合的方式改革传统经营。消费者通过线上选购新鲜果蔬、零食、酒水等商品，商家即刻准备，秒送上门。新的消费场景，也让消费者有了更加愉快的消费体验，更是打通了"线上—线下—物流"的全渠道。如此一来，传统商超重新焕发生机活力，经营中的痛点也得到一定的解决。

3. 新零售启动的是"新"技术革新

新零售已经不单单是对传统实体门店的冲击，而是开展了一次新的技术革命。这种模式依托大数据环境，通过充分搜集、分析历史消费数据，可以精确得出人们的消费习惯以及偏好动态，并且可以预测未来可能发生的消费行为，这就为商家提供了很好的指引作用，为创造更好利润提供了可能。

当消费者在无人超市购物时，店内屏幕可以自动识别、记录消费者的购物经历、喜好等。当消费者下次购物时，就可以得到系统的购物推荐，获得更好的消费体验。消费者在智能酒店居住的时候，插卡取电即刻联动智能面板，室内的灯光、新风、空调、电视等设备将自动开启，各种智慧场景一触即达。酒店智能售货机可以实现一站式购买，扫码支付、直接取货。一系列的贴心智能服务，为消费者提供了更好的消费体验。除此之外，"新"的技术革新还能实现物流资源的优化配置，做到快速送达，实现用科技的力量帮助传统行业全面升级。

二、新零售带来新商机

做生意是要追求利润的，传统实体店以及传统电商发展受限，新零售模式迅速铺开,这绝非偶然,必然是因为此种模式能够带来新的商机,诸多电商倒戈线下也印证了这一点。

1. 传统电商遭遇瓶颈

互联网近些年来发展十分迅速,但是随着网络覆盖范围的不断增大和网民人数的不断增加,互联网发展中用户和流量增长所带来的红利也日渐缩小,电商市场的"蛋糕"就这么大,后来涌入的电商商家不少都是空手而归,电商增长也进入了瓶颈期。

各项权威数据也印证了这一说法。据国家统计局统计,2014年全国网上零售额为18 238亿元,同比增长达到49.7%;到了2016年,增速就变成了26.1%;而2021年增速只有14.1%。单纯依靠电商发展,前路坎坷且艰难,唯有变革才有出路。

2. 国内电商行业低价竞争

消费者当初为何会选择通过电商购物?回想当年,大家不约而同会说出一个词——便宜,这正是电商平台前期吸引客户的最有效手段,这些平台通过发放优惠券等一系列补贴,来吸引目标客户注册成为用户,而这个过程也需要大量的资金消耗,一旦补贴停止或者缩小,活跃用户数量也会随之减少。

在互联网发展的前几年,通过这种手段获取用户的互联网平台大获成功,网罗了一众用户。随着市场即将饱和,平台每获得一名用户的成本也在急剧上升,曾经约80元左右就可以得到一位新用户,现在价格已经飙升到了数百元,即便如此,想要获得新的用户数量增长还是难上加难。

获得用户之后,还需要用低廉的价格吸引用户购买商品,"价格战"也是各大平台的重要策略。同样一件商品,在可信度相同的情况下,一家平台卖500元，另一家平台卖450元，那么用户自然会选择价格较低的一家去购买。

羊毛总归出在羊身上，作为平台的商家一方面要通过资金投入提升产品的曝光度；另一方面还要依靠低廉的价格促进成交，稍不注意电商商家就会陷入泥沼难以自拔。此外，受全球经济持续下行的形势影响，资金也逐步进入寒冬期，电商平台融资难度不断加大，这也是造成发展瓶颈的一个重要因素。在这种情况下，诸多电商品牌为寻找新的利润增长点，纷纷探路线下也就不难理解了。

3. 线上购物体验不及线下

大家都有过线上、线下购物的体验，两者于消费者而言最大的区别就在于购物体验。即便是电商平台通过各种手段不断提升着线上购物的体验，但其与生俱来的短板还是无法抹平。相比网上购物，消费者更愿意在实体店亲眼看一看、亲手感受一下，同时在线下购物还能享受商家的各类服务，这是网购所无法替代的。

据统计，线上购物的成交转化率一直在7%左右徘徊，相比线下而言这个比例是非常低的，这是线上购物体验不及线下造成的直接影响，也是为什么更多的电商采用新零售的模式，打通线上线下购物环节，并以此来提高转化率和销售额的主要原因。

试想，如果消费者仅仅是买一些无须体验的小商品，直接在线上下单是比较方便的。但是，如果消费者需要购买的是一件高档服装，抑或是一部数千元甚至万元的智能电子产品，肯定希望能在线下亲身体验后再购买，以免买到的商品不适合自己，这种情况下，在线下开设体验店就显得至关重要了。

某虎养车是在近年来飞速发展的一个品牌，它通过打通线上和线下,获得了大量汽车用户的青睐。汽车4S店的高收费已经饱受诟病,不少消费者期望能够通过互联网购买相关保养的产品,但是由于多数人汽车知识相对匮乏,害怕买到假冒伪劣产品影响行车安全,所以很难作出正确抉择。某虎养车就是在这种环境中成长起来的,消费者通过在网上下单,去线下实体店进行实地保养,一方面价格公开透明,另一方面也打消了车主心中的诸多疑虑。

这就是弥补线上体验不足的一个典型案例,某虎养车把线上和线下的优势相结合,成功创立了汽车维修保养圈子的知名品牌。

综合以上情况就能得出,电商并不是完美无缺的形态,其同样拥有自身明显的劣势,特别在消费体验上是不及实体店的。另外,近年来我国经济发展水平不断提高,居民人均可支配收入也在上升。我国社会主要矛盾已经转化为人民日益增长的美好生活需要与不平衡不充分的发展之间的矛盾。所以,一味地靠低价来吸引消费者的手段不适宜了,大家更期望能在购物中得到良好的体验,这为实体店的生存和发展创造了空间。

正是在这种环境中,新零售迅速崛起,这种消费模式通过打通线上和线下,给消费者带来了前所未有的购物体验,这不仅是行业内开展的一次新的尝试,同样也为零售市场带来一次全新的革命。方便且愉悦的购物体验,必将使得新零售在市场中占据重要位置。

三、新零售发展前景广阔

当前阶段新零售的发展速度有目共睹,未来新零售的发展前景如何呢?这要从国家政策、市场需求等多方面来看。

早在2016年,各类商业主体开始推动实体零售创新转型。具体怎么创新转型,相关意见也给出了解释,要求"引导实体零售企业逐步提高信息化水平,将线下物流、服务、体验等优势与线上商流、资金流、信息流融合",这正是新零售所尝试走的道路,也是新零售行业未来发展的底气所在。

有了国家的大力支持,新零售行业站上了风口浪尖,市场规模不断扩大,也给相关商家带来了显而易见的收益,特别是2020年以来,传统的线下零售受到了巨大冲击,线上购物无接触的优势更加突显出来,让电商迎来了新一波的发展高潮,这也为今后新零售的发展奠定了良好的基础。

此外,消费者的消费习惯随着新零售市场的壮大而改变,越来越多人习惯线下体验、线上下单。消费习惯的改变不是一时能完成的,一旦养成消费习惯也不会轻易改变,所以长远来看,这种消费习惯的养成对于今后新零售行业的前景影响深远。

新零售之所以在市场上发展势头迅猛,归根结底还是符合市场需求。新零售结合线上线下优势,电商企业走到线下发展,线下的实体零售商转为线上经营,这样一来,线上的数据以及供应链、支付等先进的技术优势和经营理念将与线下的良好购物体验相结合,组成大众喜爱的新销售模式。

市场的数据就是有力的证明,据权威机构预测,新零售的市场消费增速将呈几何式爆发增长,2027年中国零售市场规模有望接近70万亿元,处在风口上的新零售行业,发展前景十分广阔。

1. 新零售更加精准把握顾客需求

快消品发展到当前,可以总结为三个阶段:商品主权阶段、渠道主权阶段、消费主权阶段。在不同的阶段当中,零售所体现出来的价值是完全不同的。

首先是商品主权阶段。在物资相对短缺的年代,能够获得商品就能够挣得利润,需求远远大于供给,因此,在此阶段,零售所体现的价值就是商品采购。

其次是渠道主权阶段。这通常体现在商品快速占领市场的时期,此时,谁的渠道更广、店铺开得更多,能够占领大量份额,就能够获得利润,因此,在这个阶段零售的价值就在于快速扩张。

最后是消费主权阶段。当今很多商品已经是供大于求,零售市场是由消费者来主导的。这个阶段,零售市场的竞争激烈,商品的丰富程度超越历史任何一个时期,消费者有更多的选择,也因此产生更多、更新的消费需求。

在这种情况下,商家只有更加精准把握顾客需求,才能赢得更多消费者的青睐。

如果一家传统的实体零售商,想了解顾客对某一款产品的需求,就需要耗费人力、物力开展市场调研,即便如此,得到的数据也未必准确及时。在新零售模式中,互联网是很重要的基础设施,所有顾客信息都能通过网络平台收集、整理、计算,并得出相对准确的结果,这也是大数据时代的典型特征。

当消费者有消费需求时,通常会在互联网上搜索一番,通过查看各商家的价格、质量、评价,根据实际需求综合判断购买哪款商品。正是有了这些行为,使得消费数据有迹可循,消费者看哪一款产品停留的时间最长,在留言中提出了哪些问题,观看的产品更偏向于哪些功能,这些都成为大数据的基础资料,只要后台稍加计算,目标顾客人群的真实需求就一览无余。厂家甚至可以根据顾客的需求程度定制相应产品,终端零售商可以根据需求量准确备货,避免货物积压。

传统实体零售模式和新零售相比,在获取顾客需求方面的劣势很明显,现在的市场是买方市场,消费者的需求决定企业的生死存亡,这时候掌握消费者的真实需求是十分必要的,因此新零售更胜一筹。

2. 新零售实现了供应链转变

实体店的经营性质,决定了它必须要有充足的库存来保障业务的持续运行,这会导致商品产生积压滞销的情况,特别是现在,产品更新换代的速度很快,流行的款式年年不同,商品一旦积压,会严重影响投资回报率,从而导致资金周转困难。

比如某连锁品牌搭建了自己的网络商城,消费者进店后,映入眼帘的是一台自助选购的虚拟购物机,商城有几千款产品,消费者可以选择自己喜欢的产品购买或者预订,这就节省了库存费用、样品费用。消费者有了一次良好的购物体验后,可以关注公众号下单,下单后门店就可以收到订单了。

有了互联网的加持,新零售在供应链上产生了巨大的变化。曾经的实体零售店是备足货物之后等着顾客上门挑选,现在的新零售是按照顾客的需求去备好货物,让消费者来引导供应链,这就从根本上解决了货物积压的问题。还用某虎养车来举例,他们的实体店并不像传统修车店一样储存轮胎等各类产品,而是车主通过线上 App 选择与车相匹配的轮胎及维修保养零件后,货物运送至门店,然后进行线下保养。在这个过程中,产品运送的速度是很重要的,顾客等待时间太长会放弃,因此这类企业通常在每个城市设置一个仓库,同时开设多家实体门店,以便在顾客有需求之后能够快速把货物发往门店,这些是传统实体门店难以做到的。

3. 新零售保证了线下顾客流量

打开你的手机,肯定会有不少的微信群、社区团购群、商家的微信公众号等,在外出购物时,很多实体店商家也会告诉顾客扫码关注公众号下单有优惠券,等你关注公众号或者加入商家微信群后,一条小的新零售生态链就建立起来了。

商家会频繁通过公众号或者微信群发布优惠信息,这些信息能够直接推送到目标顾客的面前,当顾客有需求恰好看到了相关信息后,就会在线上预约或者直接去线下购买;即便是顾客当下没有购物需求,未来某一天突然需要此类产品时,也会第一时间想到商家的推送。这就是新零售模式为线下提供的流量保障,它能够在潜移默化中培养顾客对品牌的认知,同时精准匹配顾客的需求。

传统实体商家迎来顾客之后,通常只是一次交易便结束了,如果顾客频繁光临店铺,也仅仅是熟客而已,难以对顾客进行长期跟踪观察,店铺对顾客的黏性也不会太强。新零售模式弥补了这一缺陷,它通过线上宣传为线下引流,能够保持线下实体店铺总流量的稳定。

4. 新零售满足了消费多元化需求

随着人们生活水平不断提升,人们在消费行为上也产生了很大变化,以前人们买东西更多会考虑价格便宜,现在会更加注重体验,同时购物也更加理性。每个人根据自己的喜好来买商品,自然就产生了多元化的需求,这也给市场上的零售商们出了道新考题。零售商随着这种消费习惯的变化而转变,把商品品类从"大而全"逐步转向了"多而精",以此来满足消费者的需求,为大家提供更多更好的购物场景和体验。

新零售模式就是根据需求进行市场探索的一种方式,它能够满足人们多元化的市场需求,通过线上与线下的结合实现优势互补,从而达到全渠道销售,这种模式一方面能够让消费者感受线上购物的便利;另一方面让他们也能够享受线下购物的产品体验，从而内心得到满足。

线上和线下并不是互相取代的，而是相辅相成的。线上能够通过技术优势更加精准地获取消费者的行为习惯，从而为线下销售提供依据；线下一方面能够让顾客有更好的购物体验，另一方面也可以把线下顾客带到线上，从而增加顾客黏性，提高品牌影响力。这两者相结合才是新零售模式的关键，才能让顾客有前所未有的购物体验。

由于互联网大数据应用等技术的飞速发展，加之市场有着巨大需求，使得新零售规模持续扩大。走在街上，有的实体店门可罗雀，有的却人潮汹涌，这在很大程度上就是零售商销售思路的转变。当前的实体店铺再也不是曾经的实体店，而是进行了深度变革的新零售店铺。由于国家对新零售市场的支持，各大商业巨头也把中国作为一个试验场地，纷纷进行探索，抢先布局新零售市场。

既是试验，就避免不了失败，在这个过程中，也有不少企业吃尽苦头最后以失败收场。仅仅依靠科技的招牌吸引消费者是行不通的，只能在昙花一现之后落寞离去，必须要在经营理念、商业模式、操作方法等重点环节，结合自身实际情况开展深度变革，并持之以恒，才能在这场战斗中抢得一席之地。

当下零售业态的转型迫在眉睫，不仅是传统实体店铺，就连传统电商也感受到了巨大的危机。新零售行业的布局正当其时，很多实体门店在转型升级中重新焕发生机，适应了新兴市场，而这种新的商业模式，也必将重新定义实体门店零售业的明天！

03　电商的春天，也是实体店的黄金时代

电商早已经深度融入了现代人的生活，大家已经习惯于网上购物。随着互联网红利期逐渐消失，日趋激烈的网上店铺的竞争、各平台之间的竞争、各店铺之间的竞争，平台的一些规则以及国家一再规范、净化、监管网上购物环境等，也淘汰了一大批没有竞争优势的小微店铺。新零售时代的到来，让诸多电商发现了新的商机，电商的春天，也预示着实体店黄金时代的到来。

现在的实体商业，降租早已是各大购物中心的共识。实体商店和购物中心本就是"鱼"和"水"，只有实体店发展好了，购物中心才能生存，一味地维持高房租导致"鱼"生存艰难，最终双方都会以失败收场。之前的三年，经济形势受影响，不少大型商超意识到了这个问题，愿意把更多的优惠让给租户，以此来共渡难关。

日本就是一个很典型的例子，经过一段时期的发展，如今日本的实体商业重新振作起来。他们到底有什么诀窍，能抵挡住电商带来的冲击呢？

走进日本的大型商场，你就能感受到其中的奥秘了。这些商场的服务非常贴心，而且会经常搞活动，比如每到周末或者节假日开展打折促销，顾客可以凭借当日的购物小票免费获得商场的餐食，或者拿到免费的停车券；如果当天你买的商品太多拿不住，商场还会贴心地把你的商品送货上门。

另外，为了避免线上线下开展恶性竞争，他们同一商品的价格通常也是统一的，而且在线下购买不仅能有更好的购物体验，通常还能享受额外的附加折扣，这看似简单的操作，其实恰恰能击中消费者的内心，吸引消费者源源不断到商场购物。

国内一些有远见的商家也在逐步探索这种模式，例如购买家电时，消费者可以先在家里通过手机 App 看喜欢的款式，然后到家附近的实体店铺线下感受，如果通过线下下单的话，销售人员通常会为消费者送一些小礼品，而且还会时不时有折扣机型对市场销售，这就让消费者有了去线下购物的欲望。

这种欲望促进了人们的消费行为，也提升了销售商的竞争优势，这种优势是传统实体店铺和传统电商都无法给予的。根据权威机构调查显示，人们之所以选择在网上买东西，通常是因为网上商品的价格更便宜；而人们之所以选择在实体店中买东西，通常是因为实体店能带来更好的购物感受。

只不过我们当前处在艰难的转型改革期。有一句话说得很好，当你处在低谷的时候，往后的每一步都是在向上走。这句话用在当下十分合适，席卷实体店的冲击已经过去，当前商家正在走出低谷，经营理念、模式落后的商家逐步被淘汰，能够在竞争中留下的大多数是精英。今后的世界是属于线上线下融合的世界，实体店永远不会被打败，只要顺应时代潮流，就一定会胜利归来！

1. 场景化越来越成为实体店崛起的标签

场景化是什么？通俗来讲，场景化就是通过对现场的布置，让人身处在这个环境里，能产生相应的感觉。在年轻人中特别流行的剧本杀游戏，就是以场景化的表现，让人置身其中、代入角色，完成游戏过程。此外，主题酒店、主题餐厅、主题游乐场等，都是采用场景化布置的典型案例。

未来的消费主力军是"90后"甚至是"00后"，他们从小的生活条件注定了在消费时更加注重体验，抓住这部分消费者就抓住了未来的市场，就像一代年轻人从小爱看海尔兄弟动画片一样，当他们有了购买力之后自然而然对这个品牌形象有很高的认可度。其他商家不必完全模仿，而要根据实际情况在购物时适当使用场景化布置，以此来提升消费者的购买欲。

北京有一座著名的中塔全球体验中心，这里是全国最大的电器专卖店之一，曾经在2010年创下一年销售额16亿元的纪录，但是随着电商的冲击，这里的销售额一度大幅下降。经营者意识到这个问题之后就对门店进行了大幅度的升级改造，在线上线下融合经营的同时，还进行了场景化的布置。国美和苏宁是改造的主力军，改造之后，这里设置了咖啡厅、VR体验馆、餐厅、游戏厅等，顾客上门购物的同时可以深度体验这里的休闲娱乐设施；带着孩子前来购物，还可以去游戏厅玩玩互动小游戏，十分惬意。

有关负责人表示，经过升级改造之后的门店，顾客数量有了大幅度的提升，利润也随之而来。而且，顾客的年龄层次也有了微妙的变化，曾经来买电器的通常都是中老年人，买完就离开了商场；如今年轻群体也被拉进来了，更多的年轻人愿意来这里感受购物及娱乐的体验，购物累了可以去餐厅享受美食。这种场景化改造是十分成功的，也是当下实体店铺崛起的显著标志。

2. 线下商铺的展示价值愈加被商家看重

传统电商在线下开了实体店，并不一定非得让消费者在线下购买，因为不论线上线下购买商家都能获得利润。那为何还要在线下开店？线下创造的体验经济和对品牌形象的提升是主要因素，这也是通过实体店展示来实现的。通过实体店的布局，一方面能使消费者实地体验提升成交率，另一方面能通过实体店形象潜移默化中提高消费者对品牌的认可。实体店铺能够加强商家与消费者之间的情感沟通，并以此来实现长远发展。

当当网一直以来是售书领域的龙头，也是率先一批进入线下的电商商家。早在2016年，当当的第一家实体书店就在长沙开业了，也是从那时起，开启当当从线上向线下书店的逆袭。当当的"O+O"实体书店，是为顾客打造线上线下一站式服务的，其最明显的体现是线上线下统一价格。线上下单，可在书店取货；书店没上架的书，也可现场下单，回家坐等收货。书店的"杀手锏"还体现在其"互联网基因"：柜台上摆出的书籍是根据当当大数据、供应链和平台资源，甄选出来的长沙地区销售最好的书籍。

此外，书店还提供综合文化服务，也就是场景化的设置。在四层高的图书商城中，当当巧妙地融入了手工教室、儿童乐园、咖啡室等区域，试想可以边喝咖啡边在优雅的环境中读书的场景，有谁能不向往呢？这就是实体店的魅力所在。

网上书店是无法代替线下社交的，线下书店可以弥补传统书店的时空限制,突出线下社交和文化体验,为互联网时代的阅读和文化生活提供一个更适合读者的解决方案。

3. 外卖、植入式直播模式让实体店大大增收

俗话讲,"懒人推动科技进步",外卖就是一个典型的印证。上班族工作紧张也好,居家懒得做饭也罢,这些都催生了移动互联外卖的快速发展,加上植入式直播模式的带动,让不少实体店商家尝到了甜头,如今甚至有实体店商家超过70%的利润来自外卖和直播订单。在这种新兴事物面前,不论你是经营了多年的大牌,还是一个简单的夫妻店,都是从零开始,客户的口碑就是营业额。

2020年的"双11"与以往有些不同,100个重点城市、210万线下小店、300万快递小哥、85万蓝骑士、6万多旅游商家也加入了这场购物狂欢,成为"双11"的主角。11月7日,"双11"某带货网红直播间,前面摆的是一桌火锅食材,工作人员端着一口巨大的火锅在镜头前展示,"上链接!"下单,近百个火锅商家的线下优惠券几分钟内被一抢而空。"直播几分钟,火锅店生意爆满1个月",网友调侃之语的背后不仅是直播带货品类的扩展,更是"双11"背后深刻的消费语境的变迁——线上线下经济在这里重新对焦、连接,并作为一个整体蹚出发展的新路径。

4. 价格不是新中产判断商品的唯一因素

当前已经进入了新中产时代,对于这一代的消费者来说,价格并不是唯一的判断因素,也不是最重要的因素,体验、创新等同样重要,因此不少实体店玩起了跨界,从而推动实体经济的崛起。未来,80%的消费将由新中产贡献,新中产是未来消费的主力军,将会创造更多市场空间

和更多的盈利"蛋糕"。新中产是哪些人？你了解他们的消费观念吗？

据统计，"80后"是新中产的最大子群体，占比为54%，其次是"70后"和"90后"，而且这部分人通常有着较高的知识层次和文化素养。新中产的消费主题是升级，是各类消费支出在消费总支出中的观念升级、结构升级及本地认同崛起。在消费结构方面，这部分群体更愿意为生活品质买单，所以在消费构成上，他们不仅会选择生活必需品，很多能够提升生活幸福感和美好度的产品也在他们的选择之列。在消费观念上，理性消费成为主流，他们更愿意"只买对的、不买贵的"，这也是当今时代流行的"新节俭主义"。

仓廪实而知礼节，衣食足而知荣辱。基本生活得到满足之后，人们慢慢开始追求精神生活的丰富；随着精神生活的丰富，新中产逐渐有了个人追求，并形成了一套自己独有的消费观念。新中产在消费上往往会将视线放得更长，即会在一个较长的范围内综合考虑，从而作出更利于自身的长远打算。重视品质和节约时间的消费属性，是这种长远视角的表层行为体现。一次关于新中产群体"认为商品或服务的哪些属性是重要的"调查数据显示：品质位居第一，大多数人认为品质要高于价格，当然性价比也在大多数人的考虑之列。

在审美层面，新中产不会盲从买大牌、潮牌，而是更多有着自己独特、清晰的追求。这种追求因人而异，总体来说，他们希望能活出代表自己个性的生活方式，所以愿意花费时间和金钱来打造自己，因此在消费中会选择与自己"调性"相符的商品，也会更加注重购买的体验。通过调研结果显示：医疗服务、健身卡/游泳卡、自费医疗保险成为新中产保障自我健康的三大支出。越来越多的新中产选择自费医疗保险来为自己的健康兜底。为健康买单，为幸福生活买单，也就是新中产不断提升生活品质的有力证明。

实体店如果能抓住新中产群体，也就抓住了未来。基于新中产群体对于美好生活的向往，很多老商圈也在升级改造。比如，河南郑州的二七步行街也在进行大力改造，这里是一条百年古街，曾经是年轻人购物娱乐的天堂，但是随着年久失修，加上周围各大商场的包夹，逐渐有地位不保之势。为了重新挽回年轻消费群体，也就是吸引新中产前来，这里在进行着改造，它把新兴城市功能与历史建筑相融合，依托古街的影响力，通过引入城市灯光秀、购物街、城市日等新兴文化商业形式，加之文创、潮牌、娱乐以及各种形式和内容上的创新，以期打造兼具文化底蕴和时代感的城市文化商业名牌，恢复昔日的繁华。

同二七步行街一样，全国的诸多步行街都在进行改造、升级。例如成都的太古里，打的就是人文、体验和情怀的牌子，这些正好是新中产群体所想要的消费场景。而在这个过程中，价格作为电商的核心显然不具备太大的优势。经过这一轮的升级，以崭新面貌迎客的商场，会迎来新一代注重精神生活的消费者。

5. 国家大力支持实体零售发展

最后一点也是极为重要的一点，就是国家释放各种政策红利支持实体经济发展。早在 2016 年，国务院办公厅就印发了《关于推动实体零售创新转型的意见》，明确了税收减免、金融支持等各项政策。针对当前实体零售存在的发展方式粗放、有效供给不足、运行效率不高等问题，明确提出推动实体零售实现由销售商品向引导生产和创新生活方式转变，由粗放式发展向注重质量效益转变，由分散独立的竞争主体向融合协同新生态转变。着力破除实体零售面临的体制机制障碍，为零售业发展营造良好环境，为新时期零售的发展指明了方向。

如今，有很多的实体店之所以还处在迷茫之中，是因为还没有完全意识到当下面临的形势，仍沉迷于拼价格、拼门面优势，殊不知，电商的春天也是实体门店的黄金时代。那些观念陈旧单纯依靠同质化产品来经营的商家，将最终被市场所淘汰。那些能为顾客提供独有体验的实体店，将脱颖而出，成为这轮实体店改革的最大受益者。

第二章

02

重新认知：互联网时代的实体店

互联网时代，让实体店的经营者有些迷茫和不知所措，经营为什么变得这么难了？曾经吸引大量顾客上门的促销方式基本似乎都已失效，消费者的习惯变了，市场变了……那么，实体店存在的价值和意义又是什么？我们需要厘清思路重新认识实体店。

01　实体店：多维度的流量入口

山不过来，我就过去。既然顾客已经无法被吸引，那就改变自己的思想和定位，去寻找、开拓顾客。互联网时代的实体店需要将工业化时代的利己思维转向利他思维，利用移动互联网工具，摆脱传统实体店的销售模式，克服空间和地域的限制，脱离"一对一"销售服务模式的制约，通过电子商务平台实现"一对多"衔接，打开一个庞大客流量的入口，实现客流量和利润的倍增。

互联网只是一项技术，做生意是为了满足人们的各项需要。不论是基于互联网所打造的淘宝、京东，还是直播带货和实体销售，其本质依然是为了满足人们的需求所开辟出的各类销售渠道，明白了这一点，就会对做生意这件事有更清晰的认识。

互联网时代，实体店需要依托互联网大数据中心做数据支持，打通多维度流量入口，才能让实体店生意呈几何级数提升。

什么是流量入口？比如商场，商场的门口是不是流量入口？可能有的人会认为是。那么，请思考一下，如果商场的门口就是客流量的入口，那么商场要想生意好，是不是多开几个门就好了？可是事实并非如此，门开得再多，客流量依然是固定的。因此，想方设法从多维度吸引流量，才是打造入口的关键。

实体店始终肩负着服务、体验、交易的重要职责，新零售的到来不仅没有降低实体店的作用，反而强化了这几项职责，让实体店能够更好地发挥其优势，实现其价值。

新零售模式下的实体店，不仅具有销售的功能，其更重要的核心功能是引流，实体店就是一个重要的客流量入口。把实体店打造成一个重要的流量入口，打造成顾客的连接器和社交中心，这是新零售赋予实体店新的价值。未来不会设计引流的入口、不会打造实体店新价值的实体店老板，终将会在新的商业浪潮中变成"前浪"。

入口大战、圈人比赛等商业竞争越来越激烈，我们需要从哪些方面去思考和布局呢？

一、需要建立三大新零售理念

新零售与传统实体店的销售模式有着很大区别，我们必须紧跟时代潮流，重新认识零售业态，建立新零售理念，并进行多维度变化革新。在这个过程中，最核心的就是要牢固树立"以消费者为中心"的销售理念，并围绕这个核心进行转型升级，这样才能在"消费主权时代"占得一席之地。

1. 流量零售理念

流量就是指客流量，在新零售当中，没有客流量，一切都无从谈起。商家要清晰定位目标顾客群体，吸引顾客建立与品牌的联系，向他们传递经营理念与价值观，与他们实现长期互动，从而打造顾客的终身价值。

在这个过程中，商品扮演的角色就是经营顾客的工具。只要对目标顾客群体的需求点有足够的分析和掌握，就能精准把握顾客需求，顾客所需要的产品，便是店铺要经营的商品。因此，迈出新零售的第一步，就是要在某一领域精准把握顾客需求痛点，提供精准解决方案从而吸引流量。

在超市都在追求商品种类"大而全"的时候，盒马鲜生跑出了一条不一样的路。盒马鲜生专注于海鲜领域，超市不仅卖商品，而且有餐饮，目标顾客群体实现了精准细分；实行会员制，在超市购物可以下载App并注册，这样一来便同这部分目标顾客建立了长期连接；通过客户端、公众号、媒体等多平台宣传特色经营理念，加上"三十分钟到家"等暖心服务，让目标顾客逐渐喜爱、习惯在盒马鲜生购物，认可并享受它的经营模式。

2. 以消费者为中心的理念

传统零售通常是以"我"为中心，以"商品"为中心，努力卖好自己的东西，顾客买不买是他们自己的事。新零售要建立以消费者为中心的理念，变被动等待顾客为主动出击迎客，改变传统经营理念，根据顾客需求主动调整生产、销售、服务等各环节，让企业全方位、全链条作出改变，最大限度满足顾客的需求，实现企业的最大价值。

当今市场不同以往，"顾客是上帝"不仅是一句口号，为顾客服务也不仅是在店内，真正把顾客需求纳入全流程管理。处处体现以消费者为中心，应当成为新零售企业的重要行动路线。

3. 终身顾客价值理念

客户群体是有限的，当引流达到一定量之后，不论是线上或线下，都会出现客流量上涨速度放缓或者停滞，这也就意味着，企业必须要全力留住当前拥有的客流量，树立终身顾客价值理念，全生命周期为顾客提供有价值的产品和服务，这是长久健康良性发展之路。

这一点在汽车领域格外明显，当顾客买一辆汽车之后，4S店会让顾客下载App或关注公众号，并通过App或公众号经常为顾客推送各类汽车科普知识，提供优惠保养信息，同时开设互动专区，加强厂家与顾客间互动、顾客与顾客间互动，逐渐形成社群经济，为厂家带来了长期稳定的效益。据统计，汽车厂家只有约30%的利润来自卖车，70%的利润来自后期维修服务，这与厂家的终身顾客价值理念是密不可分的。

二、实体店的新价值

在新零售时代，实体店依然有其无法替代的价值，但前提是要深刻理解互联网的特性，在"互联网＋"的基础上进行深度挖掘和改革，才能极大提升实体店的零售效率和质量，解决当前实体店销售存在的问题。

什么是互联网？"互"就是交互，需求、资源等均可以实现实时交互；"联"即联结，人与人、人与物、人与企业、企业与企业通过这个介质，实现了跨越时空的联结；"网"可以把市场上的各类参与者、各种要素网罗到一起，从而形成新的关系。

知己知彼，百战不殆。了解互联网的特性，也就找到了实体店在其中的新价值，聚焦交互、联结、铺网三大特性，就能找到实体店的生存之道。

1. 联结效率

传统实体店铺的顾客通常是一次性关系，或者是短暂性关系，商家要在此基础上辅以互联网的联结特性，把顾客转为长久的关系、终身的关系。通过不断交互，让顾客成为用户，不断提升其对产品、品牌、经营理念的认可度,把顾客与企业牢牢联结在一起,可以激发顾客更大的价值和潜力,为企业带来更多的效益。

要实现这一目标,就要使用互联网,依托网上的各类平台,让顾客与企业实现初步关联,随后通过信息精准投递,在扩大影响力的同时,不断提升产品或品牌对顾客的黏性,加上平台的互动功能,让企业能够更加清楚掌握顾客的需求,从而提升产品功能和体验,加强联结,打造顾客的终身价值。

2. 订单效率

提升订单效率,主要在于提高商品采购效率和精准度。商家要通过互联网加持,重塑实体店、经销商、厂家之间的合作模式,改变当前的订单方式,使得三方之间订单协同度更高,避免出现产能过剩、产能不足,或者产品不能满足消费者需求的情况。三方相结合,还能够实现货物快速到家。

这样来看,店铺与顾客的关系也成为一种订单关系。当顾客通过App或者公众号、小程序等成为企业的会员,企业就能够通过分析顾客的浏览习惯、产品关注度、活跃度以及互动发言,对顾客价值进行深度发掘,以便更加准确地判断订单量和商品种类。

这不是简单的顾客分析,分析的目标是满足顾客需求,挖掘顾客长期价值。瞄准这一方向进行深入、专业、科学的大数据分析计算,企业得到的数据越细致、精确,越能够发挥顾客的最大价值,实现订单的高效。

3. 交付效率

顾客到店——选购——商品交付,这是多数实体店铺的交付过程,也是最为简单的交付。但是,现在顾客对商品交付有了更多的场景需求，大家期望商品能够"所想即所得、所见即所得"，最好能够送货上门。

当商品本身区别不大时，一家店铺在交付时不能满足顾客需求，顾客自然会另择他店。要改变这种状况，就要借助互联网开发出更多商品交付模式，"线上下单＋线下自提""线下体验＋线上下单＋送货上门"等，都是当下诸多商家正在尝试的方式。

提升交付效率，提高交付体验，是增强顾客对品牌认可度的重要一环。因此，企业要结合行业实际情况，摸索选择适合的交付方式，这种改变不仅要快，还要准确，要与顾客引流、增强黏性、打造终身价值等关联起来，形成实体店完备的零售体系。

三、需要向实体店赋予新的价值

转型发展之路势在必行，向实体店赋予新价值，才能使它重新焕发生机。梳理转型路径，主要有以下几种：

1. 转变经营理念

转型发展，思想先行。商家要走新零售之路，就要率先更新经营理念，深入了解当前市场形势、消费者行为，深刻把握零售行业正在经历的深刻变革；有了对全局的认识，就会在接下来的行动中有清晰的方向。而新零售，最主要的也是进行了零售领域理念和思想上的变革。

2. 重新规划实体店

实体店铺不能只摆货架、铺商品，否则再大的店铺也毫无特点可言，难以吸引顾客，更难让顾客产生依赖，要尝试在店铺中设立社交功能区、娱乐休闲区等，让顾客产生更多美好的体验，与顾客之间产生更多交互，顾客对品牌和店铺的认可度提高了，商品自然不愁卖。

3. 设置丰富场景

单一购物场景、交付场景已经不能满足顾客需求，要结合经营品类，打造丰富多样的购物场景，为顾客带来更加强烈的视觉、触觉等感官刺激。不断的新奇和舒适的购物体验，能够保持顾客的黏性。

4. 重构考核体系

传统实体店铺零售考核通常只有销售额、销售量，这在新零售模式下是远远不够的，要将流量引入、顾客管理、服务体验等内容加入考核体系，以长远的目光和周密的考核标准，打造稳固的顾客终身价值。

5. 打造新营销体系

要从营销商品向营销顾客转变。做一次商品大促销，只能起到短暂作用；营销顾客，可以起到长久的效果。企业要利用互联网平台，例如App、公众号、小程序、抖音等平台，结合自身特点传播顾客喜闻乐见的内容，吸引目标顾客，影响粉丝受众，发挥营销的最大效果。长期营销顾客逐渐打造社群模式，能够为新零售带来更大效益。

纵观今天的商业环境，其实就是：谁能获得庞大用户入口，谁就能在竞争中一骑绝尘！实体店将在经过互联网洗礼后，实现新的崛起，成为互联网整体销售中不容忽视的重要一环。

02　实体店营销裂变新模式

传统实体店的经营涉及的方面很多，包括经营产品、服务定位、店铺选址、租金水平和自身经营能力等。但是，实体店要解决的最根本的问题只有两个：一是如何招揽更多的顾客，提升销售额；二是如何聚集优秀的员工，为企业开疆拓土。

一、利用互联网裂变顾客，倍增销售额

传统实体店铺如何吸引顾客？通常使用以下几种手段：提升店铺的装修品质赢得顾客青睐，改变店内货物陈列方式方便顾客选购，加强员工管理提高服务能力换来顾客满意，大搞促销活动吸引更多顾客上门等。如今，互联网的浪潮席卷而来，传统的揽客方式在当下已经不足以支撑店铺运营，必须顺潮流而行，才能重新挽回客户流。

统计数据显示，微信、抖音等互联网社交软件平台，占据了人们绝大多数的注意力，其中，抖音的用户数量超过 8 亿，日活量突破 7 亿；微信朋友圈平均每人每天看 7 次，耗时约两个小时。所以，对于实体店而言，通过抖音、微信可以更直接、更有效地触及用户。

作为互联网社交软件平台，抖音和微信等的功能已经远超社交本身，直播、购物已成潮流，微信还兼具了支付功能。基于庞大的用户数量，这些平台已经打造出了自己的生态圈。

对于实体店来讲，一定要经营好微信、抖音等社交软件平台。人就是店，店就是社交软件，商家在这些平台上有多少粉丝和好友，店就有多少流量！通过对实体店的调查，我们发现做得较好的实体店，无一例外都有一个很重要的前置条件：通过互联网社交软件平台经营好用户。

1. 将用户沉淀到私域流量里

互联网带来的流量红利并不是取之不尽用之不竭的，当前已经接近于饱和状态，因此，商家只能更多发掘老用户的价值，为店铺带来持续稳定的经济效益。在这种情况下，私域流量成了破题的好办法。

什么是私域流量？顾名思义，就是把互联网用户导到自己的私人"地盘"上来。在互联网的各类大平台上，有着庞大的用户群体和巨大的流量，短视频平台有抖音、快手，聊天社交平台有微信、QQ、微博、小红书，网络购物平台有淘宝、京东、拼多多等。平台拥有巨大的流量池，这也是导入私域流量的前提。

私域流量可以是企业的抖音、公众号、微博等平台的粉丝，也可以是微信好友、群内成员等。抖音的8亿用户本身与企业并没有关系，但当企业通过拍摄短视频吸引目标群体关注后，这部分人便成了企业的"粉丝"，每当企业发布新的内容，他们都能第一时间观看，不论是否与企业发生交易行为，这部分"粉丝"都已进入了私域流量，成为企业的数字资产。企业与"粉丝"之间进行的长期互动和交流，为后续的交易带来了更大可能性。

实体店铺正在面临内外双重忧患,外部环境纷繁复杂,互联网发展迅速,大数据、云计算、物联网等各类新技术层出不穷,竞争日趋激烈,对手不断更新转型,紧跟时代潮流;内部面临巨大改革压力,不进则退,慢进亦退,稍微有所松懈没有跟上时代的步伐,就会很快被淘汰。在这种情况下,打造互联网时代的私域流量已经不再是一道选择题,而是一道必答题,它是传统企业在转型中绕不过的选项。

私域流量本质上是在经营用户,把线下流量转到线上来,线上同时也要吸引流量,依靠服务、宣传、互动等潜移默化经营用户,流量就会转变为企业效益,并且粉丝用户不会轻易离开,如此一来,企业长期稳定发展也有了可靠保障。

2. 做好流量入口

(1)寻找实体店铺的用户体验路径,在最佳点上设置流量入口。

把实体店铺的流量引到线上来,就要考虑怎样让顾客更加便捷容易地接受。例如在一家超市内,我们将私域的二维码放在哪里才能发挥更大价值?是放在前台收银处,还是放在商品货架上,或者是悬挂于墙壁?

具体摆放在哪个位置,需要结合实际情况,但前提是站在顾客的立场去考虑,怎样才能让顾客看得到、愿意看、接受扫码。一个最佳的流量引入点就为下一步的成功打下了基础。

(2)目标清晰、分工明确,以考核带动员工主动出击。

推广是引入流量的关键,实体店员工的主动出击在推广当中发挥着至关重要的作用。将推广作为员工的考核标准,制定相对应的奖惩措施,可以最大程度激发员工的积极性。同时也要加强员工培训,杜绝将业绩任务带来的压力传递给顾客,导致强行推广,这样极易引发顾客反感,效果也会适得其反;耐心周到的服务、详细专业的讲解会赢得顾客好感,这样顾客成为店铺粉丝也就水到渠成了。

3. 吸引粉丝添加好友的技巧

(1)让顾客立刻享受成为粉丝、好友的好处。不少人喜欢超值的心理,想让顾客下载 App、关注企业号、添加微信好友,就要让他们当下能立刻享受这些行为带来的好处。折扣、赠品、优惠券等都是很好的敲门砖,可以用比较低的代价获得新增用户。

(2)让顾客知道后续可以获得什么好处。迈出第一步之后,如果没有悉心经营用户,就不会产生后续效益。商家要将店铺新品、活动内容、服务升级、粉丝优惠等信息通过相应渠道不断传递给顾客。这一方面可以向顾客展示企业的活力,传递企业文化;另一方面使顾客可以持续不断得到想要的好处,与企业建立长期稳定的交易关系。

(3)让顾客享受成为粉丝或者好友的特权。当新品上市时,让顾客享受优先购买的权利;当举办活动时,让顾客享受粉丝会员特有的价格……粉丝专享会让顾客感受到自己的与众不同,内心产生优越感,使他们对企业和品牌有很高的认可度,黏性也会大大提升。

当顾客进入企业店铺的私域流量池之后,并不能迅速直接带来效益,需要企业长期地经营和维护,精心培养与顾客的关系,提升顾客对品牌的关注度。长期的交流会让顾客在需要购买商品时,自然而然想到企业品牌,商品的成交也会在这样的培训交流中达成。

实体店铺与互联网的结合,使得实体店铺不得不肩负起引入流量的重任。根据自身实际情况,研究用户特点,量身打造切实可行的操作办法,将实体店铺打造成为私域流量的入口,是转型的必经之路。

二、把员工裂变成分店或连锁店

实体店铺运转起来,就像一台机器,每名员工都是这台运转机器上的零件,缺一不可。但长久以来,实体店铺员工流失率居高不下,多则几年,少则数月,员工就会跳槽离职。普通员工对店铺的影响还不算太大,如果是技术人员或者管理人员,一旦出现岗位空缺,会给店铺带来巨大损失,这也是诸多实体店铺老板最头痛的问题之一。老员工走,还要再费时费力招聘新员工,经过培训、上岗一系列操作,过不了多久又要面临这样的窘境。

即便员工暂时没有离职,传统店铺"底薪+提成"的考核方式,也不会带来太多激励,员工积极性不高,大多抱着"当一天和尚撞一天钟"的心态,在工作中得过且过。

这两个问题是实体店铺普遍存在的问题,要从根本上改变这种情况,最直接的办法就是改变激励方式,让员工从打工人转变为店铺经营者,从待遇和心理上帮助员工树立主人翁意识,激发每个人的潜力,这样才能真正做大做强。

具体怎么操作才能让员工与企业发展同频共振呢?可以考虑从以下几点入手:

1. 重新审视老板和员工之间的关系

老板和员工本是雇佣关系,老板出钱、员工出力,老板的目标是获得更多的利润,员工的目标则是做好本职工作领到应有的薪资。薪资是固定的,员工自然不会卖力干活。当老板与员工是合作关系的时候,就能奔着同一目标齐心协力,蛋糕做大了,各自的利益自然会更多。

因此,老板要重新认识自己与员工之间的关系,不要再把自己放在高高在上的位置，拿出合作的姿态，与员工实现互利共赢，这样的关系更加稳固，也更加利于店铺长久发展。在经营管理过程中，员工是最了解一线情况的，当他们的利益与店铺发展密切相关时，他们发现问题就会积极提出并解决，避免产生损失，也有利于科学决策。

2. 设置合理的分配制度

利益分配没有绝对的公平，需要根据员工的能力，作出不同的等级划分。对企业发展更重要的员工，要给予更高水平的合作；反之就给予一般水平的合作，还要依据工作时的具体表现做出相应调整。

在具体操作中，商家可以尝试以这几种档次进行分配。

一般级别合伙人：这个级别合伙人的覆盖面要广，门槛要略微偏低，月度/季度/年度分红设为5%。

金牌合伙人：这个级别的合伙人，门槛要更高一些，可以将企业技术人员、老员工等相对重要的岗位纳入其中，分红设置为10%。

钻石合伙人：这是最高级别的合作人，需要可以为企业带来较大效益的人员加入，例如管理层或者企业骨干员工，在利润分配时可以设置为15%。

这是一种通用的办法，在真正实行时，企业还需要根据员工的表现和企业实际进行周密判断，确保企业与员工的利益都能达到最大化。

3. 让员工有当家作主的感觉

工作一方面是获得收入满足物质需求，另一方面是实现人生价值满足精神需求。这两点对每个人来说都是至关重要的，如果一名员工在工作中找不到自身存在的价值，即便领着工资也并不满意。在物质激励的基础上，加强精神激励，把合适的人摆在合适的地方，让员工在做好当下工作的同时，能够展望到未来的美好前景，员工才会把企业的事当成自己的事来做。

　　让员工有当家作主的感觉,要为他们营造出这样的工作氛围。让员工成为合伙人,达到一定业绩可以提拔为店长、经理,可以支持他们开设分店,并提供资金支持和技术指导,以创新的经营模式,激发出员工的内生动力,如此一来,顾客也能享受更好的体验和服务。

　　诸多连锁企业都已经尝试采取这样的方式,企业规模迅速扩张,员工也切切实实享受到了当家作主带来的甜头。因此,改变经营模式,打造坚如磐石、能打胜仗的员工队伍,已经迫在眉睫。

03　实体店是新营销的信任背书

何为信任背书？我们可以理解为，为某人或某事允诺保证，借此提高事物的可信度，通俗来说，就是借助权威人士、权威品牌或者高价值的物品（如汽车、房子等）来增加自己的可信度。比如，同商界巨头的合作，与大公司的合作等，都属于信任背书。

信任背书就是借助第三方，建立顾客对实体店的信任感，促使顾客成交。比如，企业如果在社交网络或大众的心目当中塑造出良好的形象，口碑被消费者广泛认可，那么这种形象和口碑就会转化为点击率、客流量，最终促使商品的销量上升。

任何的营销都不可能把流量足额转化，如果从1%转化提升到2%，已经是非常了不起的提升了，因为转化率提升了一倍。在流量入口稳定的情况下，这个提升的杠杆就是对实体店的信任。客户只有对实体店的信任度提升了，才能为客户离店和跨界销售做背书，销售结果才能更好。

流量转化的前提就是，企业必须先认真考虑如何获得顾客的信任。没有信任，流量的转化肯定不会好，因为除了价格和产品的图片外，企业得不到顾客的深度认可。任何产品都必须要得到顾客的信任,才能被消费。

因此,信任是销售和业绩之间的一道桥梁,实体店的信任背书做好了,业绩一定能够提升。

怎么建立实体店的信任背书?

一、建立信任保障机制,并持续输出值得信任的理由

1. 介绍给顾客的产品要与顾客对产品的认知保持一致

要善于分析顾客的需求,通过询问顾客以前使用产品的情况及购买的初衷,去解决顾客的痛点。企业给顾客的承诺必须是他们购买产品时的关注点,最好是顾客购买这个产品的主要需求或者核心诉求点。

信任是需要过程的,因此不能让顾客觉得企业的意图性太强。很多人急功近利,急于让顾客买单,这样反而会适得其反。

2. 让客户看到企业的失信成本

失信成本是指失信者因失信行为而付出的代价。失信成本主要包括道德成本、经济成本和法律成本。由于失信程度不同,人们为此付出的代价也不同,一般以法律成本为最高。当顾客看到企业的失信成本越高,对企业的信任度也会相对地提高。

3. 延伸到产品,凸显价值

延伸到产品,其包装和推销渠道都很重要,可以维持信任、维持用户黏度。产品本身给予用户的独特价值或优良的功能体验是不可或缺的。

企业要细化产品对顾客的作用,列出顾客想要的结果。比如,企业可以主动告诉顾客如何使用产品,让他们意识到产品的价值。当顾客清晰地了解产品的价值和每个阶段对应的结果时,会大大提高顾客使

用的信心。

4. 建立信任体系

仅靠维持表面上靠谱的形象是不能持久的,增加顾客的信任度是需要以成功的案例、客户的评价、专家的见证、检测报告等作为依据的。

比如,无风险承诺(免费、包退、包换、包修),客户背书(现身说法、转发评价),数据背书(消费者数量),口碑背书,媒体背书,权威背书(权威专家、权威机构、权威典籍),合作伙伴背书,明星背书,公司创始人背书,渠道背书,实力背书,产品历史悠久,独特的配方,评测对比见证,外在展现,制造热销(活动、公关),转介绍等。

顾客见证的完整框架:"谁"在"某时某地"遇到了什么"问题",这个问题对其造成了哪些"痛苦或困扰",顾客为此采取了哪些"行动",取得了什么"结果",在使用你的产品前有哪些"抗拒",使用之后又有什么"收获",这个收获会给顾客的人生和生活带来了什么样的"改变"。

然而,如果想要一直维系顾客对门店的信任,门店还需要实质上的付出,这是以诚相待的必要性,是维系信任的重要条件。

5. 信任的过程就是消除客户顾虑的过程

消除顾虑的六大步骤:判断真假、确认它是唯一真正的抗拒点、再确认一次、测试成交、以完全合理的解释回答、继续成交。

消除顾虑的方法主要有:价值法、代价法、品质法、分解法、如果法、明确思考法、别家便宜法。

6. 建立互信不仅是靠语言

表达方式可能比表达内容更加重要。要向顾客传递温情,有时候非语言的信息是建立信任的关键。

二、人格魅力的修炼

领导者为什么要有强大的人格魅力？究其根本，就是只有拥有人格魅力，员工才愿意追随你。办企业并不是简单付出金钱购买劳动力，这样员工与企业的关系是不牢靠的。有的员工宁愿选择待遇一般的企业却不愿意跳槽，很大原因在于老板的人格魅力，这样的老板不仅领导有方，而且能让员工在工作时感到舒心、有奔头。有人格魅力的领导者更容易成功。

因此，要想真正成为一个好的领导者，你就必须修炼自己的人格魅力，只有拥有足够的人格魅力，才会有真正的跟随者。当你有了真正的跟随者，不论做什么事情，大家都会心悦诚服地帮你，你做事成功的概率就会大增。

很多人都在问，到底什么才是人格魅力？其实，这个问题就像"我是谁？我从哪里来？我要到哪里去？"一样，从古至今并没有一个通用的标准答案。我个人认为，每一个人生来就拥有神奇的力量和强大的智慧，当我们能充分发掘和利用它们时，就可以展现我们的人格魅力，至于能展示多少，取决于我们对梦想的追求。你有多高远的梦想，你有多努力，你就有多强大的魅力，即便你不是最帅的，也不是最有学问的，但是，你却是人群中最耀眼的。

万物之间时刻都在透过一种无形而神奇的力量相互联系、相互作用、相互影响着。如何成为一个具有人格魅力的人？前提条件就是你的选择和给予必定是趋向美好的，所以我们要避免不受人们欢迎的欺诈、精灵古怪、恶意、残忍、不诚实、不真实、做作、不可信赖、冷漠、贪得无厌等人格，朝着以下受欢迎的十项人格不断地学习和成长：诚恳、诚实、理解、忠心、可信、可依赖、聪明、关怀细心、体谅、热忱。

在修炼的过程中,我们不仅要注意自己的外在形象,还要注重自己内在气质的提高和涵养的提升。只有在平时内外兼修,严格要求自己,才会修炼出独特的人格魅力。

1. 穿衣打扮要有品位

根据场合选择合适自己风格的衣服,价格不一定要很贵,但是搭配要合理。比如,不要穿着小礼服,但是脚上却随便搭配一双休闲破洞的运动鞋,这样就会显得整个人很怪、不谨慎。

2. 言谈举止要得体

说话做事合适,不失分寸,恰到好处。不要轻易在人前显露你的情绪;不要逢人就诉说你的困难和遭遇;不要提别人不愿意回答或者难以回答的问题;与人沟通时,不要打断别人,要用心聆听;公众场合要给别人留面子。

3. 有自己独立的思想和人格

对工作或生活中发生的事,要有独立思考的能力和解决问题的方法,在征询别人的意见之前,自己先思考,不要盲目地去跟随别人。

4. 为人要正直大度

做人要行为端正,有正义感,光明磊落,不要媚事领导。说话做事要有分寸,态度诚恳,让身边的人信赖自己,让人感觉很容易接近,很有亲和力。相处中,对别人的小过失、小错误不要斤斤计较,懂得同别人分享快乐和成就。

5. 懂得生活

生活上善待自己,简单通透;事业上有理想,目标坚定。生活中要培养各种各样的爱好，健康的爱好在放松自己的同时还可以让能力不断提升。关注自身健康，也能让自己精神层面得到满足，提高自己的生活幸福指数。

6. 乐观坚定有原则

做一个乐观善良的人，待人真诚友好，保持积极乐观的心态，朝着自己的奋斗目标前进。对别人要宽容，要有自己的原则，努力但不强求，坚持而不固执。

信任背书的本质是强化价值，增加顾客的信赖感，从而提升营销的效果。我们对顾客不单是描述产品，而是要将顾客带入使用或者和产品联系的状态当中，将顾客正面的、美好的想象力发挥出来。

总之，想要经营好实体店，提高转化率，就需要做好实体店的信任背书。有了信任才会有好的转化率，引流才有实质上的意义。

04　实体店全方位的服务平台

随着消费者自身收入水平、文化水准的提高,商品与服务的丰富,消费者的行为变得更加成熟,消费心理更加稳定,购买需求也更加复杂。于是,越来越多的品牌希望通过开设实体店,利用多样化的营销手段弥补和增强消费者的购买体验,特别对于那些以销售某种生活方式为主的时尚品牌而言,设立实体店可以起到加强顾客服务体验,增进与顾客交流的作用,使企业在宣传自身品牌的同时,为顾客搭建一个全方位的服务平台。

全方位服务就是指在顾客构成消费行为的全部阶段均能够提供服务的模式。顾客在购买商品时,通常会有购买前、购买时、购买后三个阶段,传统服务只在购买时提供,全方位服务需要提供全过程服务。具体来看,购买行为会从出现购买需求开始,随后有产生购买动机、做好购买前的准备、做出购买决定、发生购买行为、使用商品并产生售后服务需求等一系列行为。企业要从顾客有购买需求开始,直到购买商品并有售后需求,进行全流程精心服务,尽量让顾客在每一个环节上都感到满意。

一、实体店是商品的销售和储备平台

实体店的好处就是：只要选择的店铺位置和商品不错，那么很快就会吸引顾客进店，能够迅速把货品卖出。

目前的物流业虽然比较发达，但是对于一些位置较为偏僻或者居住人员比较分散的地区而言，很多物流公司还是难以覆盖到位的，因此，对于这些地方，通过建立线下的实体门店来协助销售非常有必要；并且，随着大城市的市场逐步饱和，开发和进入这些中小城市和偏远地区就成为必定的选择。

实体店不仅是销售的终端，也是为厂家分担资金和库存压力的平台。如果没有这些店面和渠道承受几万元、几十万元货物的投资压力，大多数厂商只能通过电商倾销来快速回款，或通过自身能力来准备市场所需的库存，这将耗费巨大的资金和物力，是大多数传统企业难以承受之痛。

二、实体店是购物前的产品体验、销售及售后服务平台

产品的真实体验，只有在门店才能得到，尤其对于一些价格昂贵、功能复杂的产品，或者需要与服务相结合的产品，只有在门店才能真实地了解和体验。所以，实体店不仅承载了商品的销售渠道功能，其服务功能还包括：售前产品体验、售卖过程中的服务体验，以及售后服务功能，这些都是无可替代的。

对消费者而言，购物前的产品体验是非常重要的环节，这也是线下实体店最核心的优势。实体店允许消费者试用新产品，消费者可以面对面和店员交流，遇到问题可以马上处理，消费者每天可以看见店铺的状态。特别是对于常用的商品或者智能电子产品而言，用户购买前的

体验是不可或缺的,商家必须通过设立实体店来增进用户的体验,这样才能提升整体的销量。

比如,人们在购买一件款式新颖的衣服时,在实体店铺可以更加直观地看到衣服的样式,触摸到衣服的材质,上身体验板型是否合适,这在网上购物是难以实现的。如果衣服的价值比较高昂,消费者会更加倾向于选择线下体验购买,以避免出现不合适,造成时间和经济损失。

另外,相比电商而言,实体店更能塑造品牌形象,它可以提供包括声音图像外的所有感官刺激。比如,一家食品店出售的食品能引发美好的嗅觉体验,消费者可以现场品尝;一家智能电子产品店提供的智能手机可以供人触摸把玩。这些全方位的感官刺激对于品牌的塑造是必不可少的一环,也是电商无法提供的。

实体店售后服务的功能已经受到越来越多品牌的重视。比如,消费者买了一条过长的裤子需要改短,实体店只需要聘请一个驻店的裁缝就可以轻易解决这个问题;消费者购买手机后,如果还想贴膜,这对实体店而言是很容易办到的事情。但是这样的小事对于电商平台却难以实现。

综合来看,实体店的服务优势很大,特别是在全流程服务中有很大的空间可以挖掘。在购买全过程满足顾客各项需求,不仅能在短期,更能长期为企业带来经济效益和品牌效益。因此,新零售模式下的实体店是商品服务延伸的平台。

三、实体店是顾客消费裂变的入口平台

实体店本身就是信任的一个载体,当顾客产生信任后,购物、消费、裂变就会变得水到渠成。目前,单纯的产品竞争已经毫无优势,因此我们不可能再把单一的产品卖给别人,而是要想办法囊括顾客多方位的需求。

良好的交流、周到的服务和优质的体验能让顾客产生信任和制造黏性。我们可以进一步推出形式多样的活动，比如举行答谢会、沙龙、旅游等，有效加强实体店与顾客的沟通，提高顾客的满意度和黏性，增进企业与顾客的感情。

当我们与顾客建立良好的信任感时，顾客如果还需要购买其他产品，很可能也会通过我们下单购买，这样就提高了顾客跟我们交易的机会和次数。

比如，购买服装的顾客，也会对其他商品有需求：鞋子、包包、化妆品、洗护用品、生活用品等。我们可以把与之相关的品类覆盖到店，增加客户的购买率，也可以把这些顾客存到微信的私域流量中，增加顾客后期的复购率。

在任何一个行业里，都有超越时代的企业。同样，在任何一个行业里，也会有被时代淘汰的企业。

如果我们还用以往守株待兔的方式坐等顾客上门，只销售一个品类的商品，这显然是行不通的。生意不好做是正常的，因为一招一式根本解决不了问题，需要让门店系统性地向全方位服务平台转变，紧跟时代的发展，积极融合先进的商业模式，这样生意才会越做越好。

第三章 03

网店思维：借力电商优势逆袭

在新兴的全球经济中，电子商务日益成为商业战略的重要组成部分和经济发展的催化剂。电子商务的持续扩张可能会通过竞争加剧，成本节约和卖家定价行为的变化，导致下行压力。从初创公司到中小型企业，再到大品牌，有大量的公司可以从自己的在线商店中受益，在那里它们销售自己的产品与服务。

01　让网络成为店铺的另一处入口

受市场环境的影响，市场上大部分实体商家受到冲击，但电商却逆流上涨。让网络成为店铺的另一个入口，其实就是把网络作为载体为店铺进行线上引流。直播送餐、网店、社区团购、送货上门等消费场景都是实体店的网络引流形式，并且逐渐被人们接受和喜爱。可见，实体店转向线上网络是必不可少的。

因此，实体店有必要使其网上店铺尽快开始运营，并着手发展实体流量和网上流量的连通。实体流量与网上流量实现连通，其根本就在于通过线上店铺的有效管理运营，实现实体与网店的联合运营，达到设计流量循环和售卖的主要目标。网店及一系列的网络宣传，可以为实体店铺吸引更多客源，使实体店铺借力电商优势实现逆袭。

一、分析优势，把握市场

电商服务近年来得到了迅猛发展，特别是特殊时期，电商服务的优势更加凸显，网上下单、无接触配送让越来越多的人感受到电商的方便之处，加之互联网大数据、云计算、物联网等先进技术的更新迭代，催生出直播购物、精准产品推荐等一批新业态、新模式,更刺激了新一轮电商产业的生长,仓储、物流配送等产业链日趋完善。越来越多实体店铺选择加入电商平台,期待能从网络中赢得一部分流量,激发店铺整体盈利水平。

传统商店基于"购买—订购—配送"模式的销售方式需要大量的时间和精力,还要承担过期商品积压的风险,而网店分销平台的兴起为销售提供了更加简化的模式。通过网络平台,网店业主不需要自己出去购买商品,甚至不需要自己送货,只有当网店有订单时,订单信息才会提交给佣金平台。于是,越来越多的实体店开始利用网络平台的特点实现营业利润的倍增。

未来的电商,绝对不仅仅是网购这么简单,电商必然会在医疗、出行、交通等人们生活的方方面面愈加紧密地结合起来!电商对实体店购物、服务等全面渗透,必将进行到底。

二、利用网络平台,做好店铺引流

1. 网店的特点

(1)便利迅速,没有装潢购买等一般店铺营业需要完成的流程,点击鼠标敲打键盘就可以开网店了。

(2)交易迅速,买卖双方可以在达成协议后立即付款,货物可以通过物流或快递交付给买方。

(3)不会出现仓库货物堆积的情况,经营者可以不设立实体店铺,而是只在网络上开设一个网店。经营者不需要囤积货物,这就是开设网店最吸引人的一个闪光点。

(4)类型多元化,不管你卖什么产品,都能寻找到最合适的类型。

2. 网店的优势

首先,网店最明显的优点就是不受时间与空间的限制,买家可以随时浏览产品，随时下单，商家可以通过物流把产品送到各个地方。网店有利于数据系统的建立，平台有工具提供，商家可以对产品和行业有更清晰的规划。

其次，线上店铺可以实现收集消费者的有效信息数据，最终实现精细化运营。比如我们通过研究数据等相关分析，实现准确的产品推送；或是通过人工智能大数据技术检索消费者的行为习惯，结合消费者实际需求，设计符合消费者消费行为习惯的营销活动方案。

网上商店可以比线下商店更多满足消费者需求，而且不受时空限制。随着物流的发展，网上商家可以做国内甚至全球的业务。然而，实体店的服务半径和展示类别却比较有限，如果想覆盖更多的人和领域，就要耗费足够的时间。

3. 利用网络线上线下进行引流

实体店如何通过网络分析进行线上线下引流呢？当今实体店铺越来越难做，我们必须要积极学习主动拥抱互联网：运用互联网——走上去；互联网联合实体店——走下来。实体店完成线下线上的交流融合与转化，可以实现裂变。当实体店与网店形成强有力的联系，就有了相互竞争的环境特色。

实体店经营者最害怕的是顾客短缺，对于他们来说，无论产品、服务多么好，不卖出去就没有用，只要找到合适的渠道进行有效的促销和引流，他们就成功了一半。

网络引流就是通过线上对店铺的一系列运行，实现对互联网流量的整理与运用，从而达到将网上的潜在消费者引入实体店消费的目的，用一句来说，就是将目标客户在网店的消费能力转移到实体店的购物消费。

网上推广和引流的方式有很多，运用最多的就是新媒体运营，就是利用各类新媒体平台，把店铺想要推荐商品的商业广告，传递到大众的视野，这是现在最热门的推广和引流方式。

首先，通过媒体流增加产品的曝光度，让用户有兴趣点击广告，努力将潜在客户转化为消费者。其次，一些顾客会根据产品直接搜索关键词，或选择相应平台，因此要准确定位，将广告精准定位到感兴趣的人群，同时根据产品特征选择合适的新媒体平台，这样能起到事半功倍的效果。

三、让流量为店铺创造新收益

无论任何商品，任何领域都需要引流，都需要挑选合适的路线、合适的媒体，这样才能有更好的效果。市场上的运营渠道纷繁复杂，有时我们还需要了解和识别，才能选择适合自己的运营手段。

对于店铺来说，在线推广和引流需要做的是内容，内容是所有流量和推广的核心，如果没有内容，就不会有关注。运营和推广的内容并不限于简短的视频、文章和音频，重要的是要利用最好的形式来进行在线推广，以获得流量。如何通过网络运营来有效、灵活地获取流量也是需要我们认真学习、锻炼的。

1. 商店建设、产品和定价

店铺选择：目前电商的选择很多，包括微信商城、公众号平台、抖音、拼多多、唯品会、天猫、京东等商城，还有美团优选、盒马鲜生等。

产品在线选择：关注并计算顾客进店购买商品的情况，综合考量商品的竞争情况，选择利润较高、顾客购买量大的产品进行在线销售和展示，随后进行在线产品定价、产品和店面视觉设计，最终实现产品在线销售。

热时尚产品定价：在线热时尚是针对信誉良好、购买量大的高利润产品,商家以低价吸引新客户和流量,可以通过商场的促销和页面进行推广与运营。

2. 引流招新

店铺投入运营后,最先需要思考的是"流量"这一难题。网上销售的本质是要有流量来支撑,如何在网上吸引新的流量是新店开张后店铺成长的关键点。

场外引流:通过社交媒体推广、广告投放、个人账号分享、微信官方账号文章、直播平台、抖音视频、线上名人 IP 创作、热门话题创作等进行宣传引流,可以在社交媒体和互联网吸引新消费者,也可以选择在商场内设置大屏幕、地贴、悬挂旗帜等烘托线下氛围进行宣传。

场内引流:推出拼着买、团购、以老带新、分享有奖、新客户提供优惠券等活动,来发展更多的新客户。

在制定新的宣传活动的同时,将商场优惠券分发和引导,收集流量,增加消费者购买优惠券的意愿。

同时,通过公共账户吸引粉丝,在实体店的收银处张贴公共账户收款码,收银员引导购买者跟踪公共账户,让他们领取商场优惠券。

品牌协会:不同行业合作也会起到意想不到的效果,可与其他品牌联合开展活动,如选择茶百道、喜茶等年轻客户群体较多的饮料商家,或者餐厅、水果店等人流量较大的商家;还可以不定期在商业区开展体验活动,引导消费者关注店铺,并为特定目标人群发放优惠券,增加其下单的机会。

3. 营销手段

集团采购分销:采用社区电子商务团购采购模式,每个人都可以成为经销商,不仅鼓励员工分享和销售,也鼓励消费者参与,同时获得宝贵的佣金；高引流速度和订单周转，增加交易量。

促销活动：开展折扣券、安全券、限时券、第二张半价、二合一、礼品全额券、限价购买等促销活动，通过组合套餐优惠等营销手段，吸引互联网目标客户群，提高当地消费者网上购物的意愿。

以服饰店、小商品店等传统的实体店为例，可以建立线下社交群，每50个人为一组。在建立一个团体之前，需要邀请5～10个群管理员，可以是朋友和老客户，因为一个团体需要20%的人来影响80%的人。这些团体成员的好处是"定期折扣"和"新来者折扣"。

接下来便形成了"线下服务＋线上分享＝分享经济模式＝自购省钱＋自己盈利"的运营模式。群组在设计这样一套信息分享模式后，下个月就可以裂变更多的群组，50人的群可能裂变成100人的大群。运用产品团购和产品众筹、低价抢拍等方法，在线上形成公司销售，再利用技术分享返利行为模式，线上裂变、分享，使消费者买东西便宜，享受低价政策优惠，分享同时还可以盈利，形成"社交——商业"的循环教学模式。只要这个过程做得好，就一定会生意好。

随着网络与实体关系的紧密发展，线下店铺与互联网的联合将具有竞争优势，它让消费者有真正的体验感，依靠真实的人际关系带来信任，并享受更加完美的服务体系。因此，当今实体店的劣势必须通过互联网的手段来解决，将其劣势转化为优势。

4. 熟练运用新媒体拓展势能

首先，如果条件允许，实体店的经营者可以通过加入视频购物平台，如今日头条、抖音、快手、西瓜、火山视频等自媒体进行拓展。

其次，积极加入当地文化交流群，比如宝妈群、各小区的业主群、本区域有影响力的公众号、本区域的自媒体号等，与负责人进行沟通以及开展商业合作。

最后,还要与店铺商品一起进行现场直播。新媒体平台的直播将优先在附近展示,以方便实体店吸引该地区的消费者。

实体店经营者用商品在线直播,也要注意直播的相关事项:

首先,必须在实体店进行直播,以方便客户现场观看,保证客户的安全感,提高客户的信任度。

其次,直播主播必须是店长或老板,要让客户认识你,打造个人IP魅力。直播过程中要有秒杀的产品,价格一定要很诱人,被秒杀的产品要求客户要来店领取,以增加企业客流量。

然后,在直播过程中要增加互动,必须发红包或抽奖,中奖的人可以收到礼物,这样会有更多的观众,能够提升直播间的热度。

最后,在现有产品中打造爆款产品,让顾客来店抢购。剩下的就是等待消费者来店里购物了,可以用一套会员营销体系去运作,打造线上与实体店连接的营销系统。

5. 线上线下,联盟营销

电商销售公式告诉我们,流量运营已经引流而来,接下来的工作就是企业进行有效转化和客单价的提高,经营者需要学习变现手段,并且掌握数据的转化。

总体来说,在网上通过不同的促销方式和优惠方式取得新客户和流量,之后再让消费者去商店进行购物。这样,消费者除了网上购买产品,还可以提高店铺产品的入口量、交易量和单价。"零元购""一点购""签到券"等线上线下活动要层出不穷地推出,形成从实体店到网店再到实体店的封闭销售综合体。

02　实体店借鉴网店经验

人们常说,数字不言自明。如果我们相信这句话,可能我们就会说:网店已经打赢了实体店铺。根据一家著名跨国互联网公司的说法,通过互联网进行的销售只会增长。为什么?互联网到底提供给了网店什么生意之道呢?

向世界敞开心扉是拥有网店业务的主要优势之一,网店可以打破物理距离的障碍。在实体店铺的经营者依赖于经过街道的人数或发送到行人手中的小册子的数量,或是叫卖和吆喝时,网店仅需通过互联网,就可以将商品卖到全世界。

新客户,不论消费者是否曾经到过店铺所在的城市,他们都可以通过互联网发现店铺并进行浏览与选购。通过本地业务,实体店的经营者只能吸引来附近的客户,而一旦有了互联网,拥有了网店,客户无论身处何地都无须过度关心,最重要的是你的产品有多好。

新的销售选项,直销业务对于开始新业务和已经建立新业务的店铺经营者来说是一个有吸引力的选择。对于店铺经营者来说,直销业务可让他们开辟新的产品线并使其收入来源多样化,而无须进行大量投资。不过请记住，一切的关键是要找到一个好的供应商。

低廉的成本，毫无疑问，开设网上店铺的成本远低于开设实体店铺的成本，但也要认识到，网店与实体店相比的主要缺点之一，是没有任何假期或关闭时间，店铺经营者的业务是一年365天，每天24小时运营。

所以当实体店铺陷入店铺运营的困境，无法破解之时，学习借鉴网店成功的生意经验不失为一个好的出路。

一、让客户更满意

客户服务是决定客户体验的关键成功因素，如何让客户更满意也是实体店铺需要向网店学习的第一步。战略管理举措必须侧重于如何让客户更满意，努力引入新客户，提升客户体验感、满意度、忠诚度，以实现客户最终满意的长期目标。

1. 新客户

众所周知，新客户是店铺宝贵的资产，可以影响店铺的成败，有效且持续不断的新客户是支撑销售业绩的关键性指标。只有店铺源源不断有客户来，你才能通过产品、沟通技巧、促销方式来吸引他们，最后达成交易。

网店经常用一些营销技巧如"超级福利""限时秒杀"等以达到引流的目的，实体店铺也可以借鉴。比如"超级福利"，实体店可以针对不同的人群，选择低成本高价值的产品去吸引他们走进店铺，相比虚拟产品，实体店的实物产品对于客户会更有吸引力。

实体店也可以设置"限时秒杀"，在一定时间内，低价销售，吸引用户抢购，在为店铺引流的同时，还可以提升店铺销量。

2. 客户体验感

实体店引进客户后，经营者需要与客户建立舒服而持久的关系，将新客户留存转化，让客户在店铺中购买更多的商品。如何做呢？这就需要店铺用出色的客户服务给客户带来与众不同的购物体验感，只有在客户体验上下足功夫，才会真正赢得市场。

对于实体店铺来说，出色完成客户服务要比网店困难得多。网店的主要竞争优势在于效率和便利性，在某些情况下，可负担性也是网店的卖点。客户发现通过线上购物平台搜索和购买产品很容易，可以根据产品功能和价格等变量轻松过滤或排序商品。客户被这种便利所吸引，这与前往实体店铺购买商品或支付服务所涉及的时间、精力和金钱形成鲜明对比。

这种在线环境的易用性、便利性、速度和成本节约条件是淘宝、京东等电子商务公司以及其他著名在线零售商和服务提供商的主要卖点。实体店铺在经营过程中，要尽可能提高对效率和便利性的关注度，重视客户在实体店铺对于产品的评估，利用面对面的沟通和物理环境的特点来提升客户购物的体验感。

利用场景营销是一种很好的手段，店家可以针对消费者不同的消费需求，设置与之相匹配的消费场景，从而激发消费者的消费潜力，最终促成消费行为。

简单的一瓶矿泉水，康师傅矿泉水、农夫山泉、怡宝矿泉水、恒大冰泉、依云矿泉水等分别代表了不同场景下的消费行为。当人们用水来满足最基本的口渴需求时，普通矿泉水就可以实现；当用来满足商务配套需求时，需要考虑品牌价值和个性化定制；当需要满足高质量健康需求时，更多会关注矿泉水的水源、成分和加工品质。因此，实体店铺在通过场景化营销时，一方面要深入了解商品在不同场景下的功能和特性，另一方面要剖析消费者对商品的真正需求点，这样才能精准地打造消费场景，让商品切中消费者的需求点。

让客户参与，让他们感受到超级体验性。不管是产品或品牌特性，还是情绪、情谊、情趣和文化，都是超级体验性的一种。在场景活动中，顾客的围观与参与所获得的体验和情感差距是很大的。

许多实体店不仅注重装修，还会通过投入智能设备、创意装修风格打造更直观的消费场景，用气氛烘托调动顾客的情绪，提升消费者的体验感，让消费行为变得顺理成章。

比如，深谙女性爱美心理的高端服装店有智能试衣镜、搭配妆容体验，打造"变美"的场景；健身房有专门测量人体脂肪的体脂秤、减脂餐，打造"变瘦"的场景；新型母婴店不仅卖母婴用品，还给妈妈培训，给新生婴儿洗澡、按摩，都是在打造"健康成长"的场景；近年兴起的养老院，也在试图打造"健康老龄社区"的场景。

客户的参与加上场景营销，很容易触动顾客的情绪、情谊、情趣，引发体验者的共鸣，从而使其对产品或者品牌形成特殊的情感，可以更好地促进现场成交。

3. 客户服务

为顾客做好服务，与创造丰富的体验场景是相辅相成的，二者缺一不可，服务跟不上，再好的体验场景也不会令人感到满意。场景是客观的，一经设立完成能够长久使用；客服服务是主观的，存在很多变量。顾客的情绪、习惯、性格、喜好等都是服务应该关注的变量，这对实体店铺来说是相对容易的，客服在与顾客沟通交流时可以很快掌握，并根据实际给顾客提供更高品质的服务，让顾客可以更好地在购物中感到满足。

拥有客户群体是实体店铺生存的基础，经营者在开发新客户的同时，想方设法留住老客户也很关键，稳定的老客户群体可以让店铺的经营更加稳定。产品固然能够赢得一部分竞争力,不断提升的服务也很重要,实体店铺需要下更大功夫经营顾客,以在激烈的竞争中得以生存。

当前的消费形势已经逐步从"以产品为中心"转为"以客户为中心",这其中的关键就在于能精准定位客户的需求。作为经营者,要学会倾听顾客的语言,他们的潜在需求会通过肢体或者语言表达出来,要有敏锐的判断力,并引导顾客表达出自己的需要,耐心倾听和观察,才能够为做出准确判断打下基础。要学会换位思考,要站在顾客的角度看看他们到底需要什么,什么样的商品能够满足需求,在此基础上作出商品的调整和服务的调整。要转变思维,不求挣得最多,只求顾客最适合,单从利益出发推荐的商品顾客并不一定真正满意,一次不满意的购物体验会使顾客很难再度光临;当商品或服务能够完美满足顾客需求时,顾客对店铺和品牌的印象分必定有很大提升,这也为他们在店铺进行更多购买提供可能。

4. 消费忠诚度

消费忠诚度有助于确保店铺的长期盈利能力,尤其是与其他店铺进行销售竞争时。据统计,当门店吸引消费者复购的比率增加5%时,门店获利可提升25%到100%,因此提升消费者的忠诚度对门店盈利的增长至关重要。

实体店铺要学习网店有效的会员运营策略去提升老顾客的留存度,这样可以获取更多有价值的意向新顾客,让他们成为店铺营收的重要驱动力。数据表明,在天猫电商平台,会员的客单价相当于普通顾客客单均价的两倍多。

高质量的消费体验感必须包括人力资源开发、组织文化、产品质量保证和相关因素。在建立客户忠诚度方面,如果实体店能够做到极致,那么即使在强调效率和便利性的电子商务时代,也可以蓬勃发展。

二、个性化服务

网店更加吸引消费者的缘故之一就是他们的商品更加多样化,丰富的类目可以满足消费者的个性化需求。这意味着,通过个性化,实体店铺也可以吸引和留住客户。高质量的个性化客户服务有助于提供高质量的客户体验,从而提高客户忠诚度。实施个性化服务要求实体店铺了解客户的特定需求和偏好,需要进行市场调查,以获取此类信息并相应地制定策略。在小型实体店铺中,个性化服务可能相对容易。例如,当地一家小型店铺的经营者可能很熟悉附近的客户,从而使商店能够轻松地为这些客户提供个性化服务。

1. 独家、限时店内优惠

排他性是吸引更多客户到实体店的最佳方式。一种选择是可以选择提供仅在商店中且在有限时间内提供的产品;另一种选择是捆绑某些产品的销售,使交易专属于商店。如果使用得当,独家交易是一种强大的营销策略。

2. 配套应用

配套应用可以通过提供有关商店的有用信息,以及仅在商店中提供的促销和折扣来吸引面对面的购物者。举办仅限用户参加的活动,进一步鼓励用户与网络平台互动并购物。

3. 建立忠诚度计划并使用推送营销

如果店铺尚未建立会员计划,店铺经营者需要设置一个会员计划。

个性化的服务会更加吸引客户,如果能够建立会员俱乐部,让他们感受到"在俱乐部里"的感觉,商品价格就会变得更加诱人。将推送营销与商品选购结合使用,以分享店内购物的独家优惠和折扣,并向重复使用的客户提供奖励。

三、打破物理限制,进行面对面交流

在实体品牌能够以一流的店内体验取悦购物者之前,他们必须获得目标客户的关注,而不仅仅是声称提供最佳价值或最高水平的便利。对于网店客户来说,物理限制使他们无法实地参与购物,但网店提供给他们的购物便利是不需要翻山越岭,就可以享受到另一个城市的商品。对于实体店铺的消费者来说,他们没有物理限制可亲身参与到购物的全程,并在购物的同时享受即刻社交、客户服务、店铺文化等。

1. 线下社交

通过公开庆祝和展示与之合作的店铺、供应商等来营造店铺氛围,努力产生在线上找不到的真实社交互动。

2. 在社交媒体上推广独家店内体验

实体店铺在店内提供的产品和体验,要通过社交媒体和付费营销毫不掩饰地推广它们。体验或独特产品通过社交媒体的宣传可以广泛提升知名度,这样不仅可以吸引客户,还可以为实体店铺进行更好的宣传。

3. 实施员工倡导策略

鼓励员工发布每日特价商品,分享新产品或在自己的社交媒体个人资料中突出显示他们的最爱。对于实体店铺来说,员工倡导一直是一种被忽视的策略,但想想看,与员工有所联系的很可能就是店铺附近

的客户。

4. 实地体验

良好的体验感更容易让客户满意,商家在店铺提供社交活动或DIY课程等内容,能够让客户发现新的商品或与店铺员工或其他客人建立联系。

5. 培训前端员工,以提供卓越的客户服务

吸引更多客户是实体困境的一部分。实体可以培训面向客户的前端员工,以提供卓越的客户服务。人们可能不会记得你说过的话和做过的事,但他们永远会铭记你带给他们的感觉。

6. 积极举办活动

实体店铺的优势在于可以去办更多的线下活动,举办免费或低成本的有益活动可以带来新的客流量,也可以维系老客户。

7. 折扣与优惠

客户在实体店铺购买商品时,店铺可以为客户提供免费商品或折扣,这样不仅可以吸引更多客户,还可以提高客户保留率。例如,每当有人在商店中花费超过200元时,将获得一张优惠券,下次购买价格优惠10%。

四、打破逆境,发挥实体优势

利用适当的企业文化是提供卓越客户体验的战略方法。实体店铺的组织文化决定了员工如何对待客户,这种行为对客户如何看待业务以及他们的满意度有重大影响。实体店铺可以利用其组织文化来满足客户需求并实现卓越的客户体验,凭借与提供卓越客户体验相一致的文化，实体店铺可以吸引客户，寻找了解满足他们需求的供应商。这种战略方法的一个挑战是，组织文化不容易改变，公司的组织文化实施变革需要时间，最好以重视高质量客户服务和体验的组织文化开展业务。在现有的商业组织中，企业文化的调整最好通过一个涉及所有员工的渐进过程来实现，并考虑员工对相应组织变革的投入。

实体店铺和网店的一个常见错误，是只关注客户购买前和购买期间的服务，然而，在现实中，售后服务会显著影响客户对企业及其产品的看法。例如，店铺购买后如何支持产品维修和维护会影响客户的体验和满意度。在这方面，实体店可以将售后服务及其相应的客户体验作为区别因素，与可能无法提供足够或满意的售后服务的纯网店相比较。战略实施的售后服务应包括实体店现有的销售人员，作为团队的一部分，参与提供售后服务，这种方法简化了售后服务的发展，因为销售人员可以提供必要的知识和经验，以解决客户对他们购买的产品的担忧。当正确集成时，有效和方便的售后服务有助于实体店在主要基于价格、速度和便利性的竞争中脱颖而出，该战略的一个重要部分是，实体店应该包括网店无法轻易提供的东西，例如整体设计的体验，会使客户更加想要二次购物。

一致性会影响客户的感知和体验，一致的客户服务很有吸引力，因为它使客户能够知道自己对业务的期望。因此，为了提高相对网店的竞争力，实体店铺需要在整个服务中保持一致性。在这方面，客户服务的一致性应被视为发展竞争力的基本和必要的战略要素，然而，客户服务的一致性本身并不能保证为实体店提供竞争优势所需的差异化。

五、两全其美，实体店与网店并驾齐驱

实体店和网上店铺共存的经营模式是商务发展的趋势，我们需要

制定相应的策略来协调实体店与网店之间的关系，使两者和谐共存，共同发展。

比如大型连锁卖场，在开拓线上网店后，客户如果通过网络下单，那么网店可以根据客户指定的配送地址，把网络订单转给合适的实体店，由实体店配送服务，实现网店和实体店的无缝对接。网店能动态地调度各个门店的货品，随时供货，没有库存压力，以较低的成本来获得更多的利润。实体门店也可以通过网店开拓更多的客户，缓解高昂的租金，降低库存，增加额外收入。

如今，几乎所有的实体店都有在线商店，但对于较小的店铺来说，它们向电子商务飞跃开设网店的好处就不那么明显了。根据最近的一项研究，只有28％的小企业在网上销售。事实上，实体店铺的经营者不必立即建立一个成熟的电子商务网站，可以先设置阿里巴巴、天猫商城、唯品会、淘宝、美团、抖音等电子商务平台的店面，或作为第三方在平台上销售，至少，这可以为实体店铺在互联网上提供一个在线形象。

持续发展在线运营，实体店铺不应将其业务限制在传统的物理位置并期望取得长期成功。最终，这些企业需要开发自己的在线业务，无论是作为对现有非在线业务的支持，还是作为总业务的主要组成部分，包括在线业务和电子商务的趋势继续上升，国际市场覆盖度是主要优势之一。这一趋势应引导实体店铺的战略考虑，可以发展在线业务并不断加强这些业务，以补充非在线业务并积极增加客户体验。

03 虚拟社交，真实流量

虚拟现实的引入有可能彻底改变我们所知的社交网络，虚拟现实将用户置于其化身的形象中，使他们获得前所未有的沉浸感，更重要的是，VR（Virtual Reality，虚拟现实）与用户社交将从根本上改变人与人之间在线互动的意义。

许多人都知道，虚拟社交网络于2003年随着"第二人生"的推出而首次亮相，这是一个在线虚拟世界，允许玩家创建或选择他们的头像，并与他人进行社交互动。《第二人生》几乎完全依赖用户生成的内容，《第二人生》的"居民"在各个方面迎合他们的喜好，允许用户和他们的虚拟形象以及虚拟空间本身建立个人联系。

今天，我们将朋友圈的在线朋友视为页面上的统计照片或图标，通过消息或视频进行通信。随着虚拟现实技术的出现，定制的虚拟世界，将拥有传递精确身体动作的能力，以及增强的语音通信能力，这将永远改变在线互动，从而引发虚拟社交网络的新时代。

一、虚拟社交网络，虚拟研究的新维度

社交网络是根植于网络的相互交流沟通的媒体，它通过用户进行

对话、共享信息和创建内容。社交媒体网站数不胜数,比如博客、社交网站、即时通信、照片分享网站、视频分享网站等。全球有成千上万的用户使用社交网站在个人层面上分享和建立联系。人们使用社交媒体与朋友、家人交流,并学习他们感兴趣的和有趣的新事物。企业利用社交媒体与目标受众进行对话,从客户那里获得反馈,推广和提升品牌。专业人士也使用社交媒体来增加他们在各自领域的知识,并建立一个来自相似行业的专业人士网络。

随着每年都有新的社交网站出现,实体经营者选择一个适合你的业务、专业或个人使用的社交网站是一件非常重要的事情。因此,你必须知道哪些社交媒体网站适合你的需求和沟通策略,这变得非常重要。使用太多的社交网站来传达信息可能会稀释你的整体社交媒体策略,你的整个计划和努力将是无效的,最好的策略是专注于那些与你相关的社交媒体网站,这样你就可以与合适的受众分享你的内容。

虚拟性一直在经历快速而根本的变化,随着技术的进步,其应用也在发生变化,我们对它们的使用和体验也发生了变化。Web 2.0 技术等新技术的出现为个人提供了互动、游戏、工作和学习的新方式和机会,也为公司推广和宣传其产品与服务以及与客户互动提供了新方式。新的可能性令人兴奋,但也存在影响个人和组织以及整个社会的不确定性和焦虑,正是在这种兴奋和焦虑的背景下,人们开始集中讨论虚拟社交网络。

当前公众讨论的社交网站和在线游戏,显现随着这些新兴多人互动虚拟网络而发展起来的流行和魅力。然而,尽管在媒体、商业和学术团体中,人们对虚拟社交网络的兴趣呈指数增长,但我们对这些网络的了解仍然非常有限。目前,人们非常关注虚拟技术,以及它对越来越多的人、组织、社区和社会产生的巨大影响。在当代社会中,人们第一次看到了个人对在线社会空间的大规模依恋,无论他们身处何地,语言、教育程度、性别和年龄如何,以及他们对在线社会空间的参与程度,都在表达人们对在线空间的这种依恋。这些当前的趋势已经将虚拟技术的研发引领至一个令人满意的高度。但不用说,这种变化的速度让很多人感到惊讶。

二、在社交中挖掘流量

在社交媒体上,我们只看到这个人想向我们展示的东西。人们使用社交媒体为自己创建一个标签和品牌,这些标签和品牌可能是现实存在的,也可能是虚无缥缈的。在互联网创造的社交媒体中,用户所进行的一系列活动所产生的价值,被称为流量。

但虚拟与现实生活很难找到实际的基准,虚拟生活和工作就像在一个足够润滑的引擎上,因此,与现实生活相比,它看起来总是更明亮、更流畅,没有太多的计划,而且大多是出乎意料的,导致沿途也许会突发许多令人意外的状况。就像现代社会所存在的不同城市等级一样,有超一线城市,也有三、四线小城市,互联网流量也分为不同的层级。在一定情况下,由虚拟社交产生的互联网流量可以带来意想不到的收益与价值,这可以说互联网流量处于较高的层级。在社交场合中被挖掘的流量也会更有价值,因为其中所产生的联系是如此紧密。

线上和线下的社交有多大不同?这是一个未解之谜。社交媒体是人们用来与整个世界联系的平台,一个技术非常发达并且花哨的平台,它为现实生活的水平设定了一个基准,驱使全世界的人们追求更加完美的生活。人们在社交追逐的过程中,产生的一系列流量也为真实的线下生活作出贡献。对于新闻媒体行业来说,基于虚拟社交产生的真实流量会为他们的宣传报道带来更高的关注度,这种关注度就是一种流量。对于经营实体店铺的经营者来说,虚拟社交中人与人之间的沟通会使商品更加容易销售,由此间接带来的销售额增长,也是真实流量产生的一种形式。而对于目前在互联网上活跃的电商运营商家来说,他们通过一系列虚拟社交的形式,像直播带货、短视频等对个人IP进行打造,遨游于互联网,用户被他们所打造的独特个人IP所吸引,逐渐演变成潜在的消费者,对电商平台的产品进行购买,这也是一种真实流量的商业转化。

三、虚拟社交优势何在

我们生活在一个日常生活被虚拟空间深入渗透的时代,人们对作为21世纪主要通信手段的社交网络是赞成还是反对之战尚未平息,新技术就已经出现。社交媒体中的虚拟现实,它的攻势一度猛烈。在未来十年内,某巨头有计划投资高达30亿美元用于AR和VR系统的开发。那社交媒体中的虚拟现实是什么,社交网络中的虚拟现实,它相对于普通社交网络的优势是什么?让我们一起弄清楚。

1. 虚拟现实对社交网络意味着什么

社交网络,就像任何其他技术现象一样,将不断发展,与其他技术混合,并转变为一种新的通信格式。"虚拟现实是完美的选择",它使全球最大社交网络的创始人在这种整合中看到了未来,可以自信地说,这迟早会发生。

首先,虚拟现实本身就是一个前所未有的社交网络界面元素可视化的绝佳环境,它扩展和改进了资源的用户界面,使用户完全沉浸在正在发生的事情中的视频、全景照片、虚拟画廊、相册等虚拟交流空间。想象一下,戴着头盔,你会发现身处一个未知的虚拟空间里,不需要保留一些标签,戳击链接,身边周围的一切都可用,并通过转动身体、看和声音来控制。

2. 虚拟现实给社交网络带来了什么

无论我们如何反对它或挑起社交网络与现实的战斗,但虚拟现实技术为广告和推广品牌与产品开辟了新的机会。随着虚拟现实在社交媒体营销中的传播,公司将相互竞争,以创建最有效的机制和活动来吸引用户的注意力。广告将内置于社交媒体上的虚拟现实中,吸引新客户,而公司将为此向社交网络支付费用。因此,如果虚拟现实技术制作的广告是有效的,社交网络将继续朝着让用户沉浸在虚拟现实中的方向发展。

3. 虚拟社交产生的实质性优势

缩短距离,虚拟社交能够将人们聚集在一起,这无论对实体店铺还是网店经营者来说都是一个优势。即使他们在地理上相距甚远,通过现有的各种聊天服务器和免费的视频通话服务,也可以在不同地区建立或维持友谊关系。

提供安全的表达方式,有些人发现比其他人更难发起对话,因为他们是性格害羞的人。对他们来说,互联网代表了一种安全的媒介,他们可以更自信地表达自己,并与他人建立关系。

超越文化障碍,虚拟社交具有超越文化壁垒的特点。互联网用户是来自世界各地的人,在交流与购买商品时会有所障碍。虚拟社交的优点之一是,这些用户可以在某个论坛或社交网络中见面,并通过数字渠道建立持久的友谊关系。

提供更大的平等感,虚拟社交提供了一种平等感,这对某些人来说使他们非常愉快。在虚拟社交中,人们经常觉得将他们分开的东西更少，而使他们相似的东西更多。例如，无论他们是否有特殊的身体状况，或者不管他们对聚会的热爱程度如何，都无关紧要，所有这些在虚拟社交中都不会产生太多影响，因为你只需要愿意通过某种设备与他人互动，不需要改变你的日常或外表来适应一群虚拟朋友，这为实体店铺在互联网上的运营提供了巨大的便利。

四、虚拟社交与商业活动的实际结合

社交媒体现在已经在营销上赢得了一席之地，然而，我们往往低估了社交媒体对企业更广泛的价值。随着互联网行业的发展，利用社交媒体不断增长的经济价值和文化力量至关重要。

实体店铺可以使用几种社交媒体策略，例如，增加与品牌关注者的互动、增加主题标签的使用，并通过与"影响者"建立联系来提高知名度，这些都是通过社交媒体增加品牌和企业价值的关键因素。

社交媒体不仅仅是社交，社交媒体的价值不只在与消费者建立联系的新机会，它还为公司的其他方面带来了价值，包括更多地了解公司的目标受众、建立品牌知名度和留住现有客户。社交媒体也可以用作有效的客户服务工具，同时，虚拟社交在销售、挖掘潜在客户和提升品牌力等方面也提供了可衡量的结果，它还使公司能够以低成本接触大量人员。关注者数量、分享次数和覆盖面可能会影响品牌的价值，通过有效的社交媒体计划，实体店铺可能在出售商品时获得更高的估值。

1. 社交建立关系的力量超越了客户

2020年和2021年向我们展示了品牌使用社交媒体作为保护和加强关系的一种方式是多么重要。社交媒体在发展关系方面发挥着不可或缺的作用，不仅是与客户、员工、合作伙伴的关系，还有和其他利益相

关者的关系。

2. 社交的影响远不只是营销

社交能够通过内容实时覆盖广大受众,它的三重"简单、高效、有效"的影响,再加上其快速定位细分受众的能力,使其成为一个非常有效的媒体渠道。在研究中,72%的受访者表示,社交的效率对他们的业务非常有益,甚至帮助他们提高了其他媒体节目的效率,这包括其在所有数字渠道中的定位和个性化营销活动。

3. 社交改变文化,文化改变企业

社交媒体可以帮助实体店铺建立内部数字化转型所必需的文化基础,拥有成熟社交计划的组织更有可能在整个组织中获得广泛的社会关注。社交媒体为实体店铺进行文化宣传,宣传带来的社会关注度、客流量都是流量转化为收益的一部分,这些都与社交密不可分。

04　实体店也要开网店

电子商务开始改变人们的购物方式,越来越多的网店开始在互联网进行销售,以吸引更多消费者。伴随人工智能互联网和云技术的进步,许多实体店铺也考虑开设自己的网店,或者将已经存在的业务带到网上。

网店作为一种被接受和使用的商业模式正在迅速发展。越来越多的商业公司正在搭建网站,提供执行商业活动的网上交易功能。当前,网上购物已经司空见惯,实体商家也通过开设网店,使消费可以在网店进行。

一、为什么要开设网店

网店为商家的发展提供了重要的机会,它增加了客户数量,突破了服务的地理限制,可以显著扩大商品范围,降低租赁成本,并允许商家进入新市场。网上店铺的优势:

首先,网店提供了建立更灵活的工作时间的机会。经营者可以从任何地方组织在线商店的工作,唯一需要的就是访问互联网。经营这样的企业不需要业主留在原地,相反,这种类型的业务提供了行动自由。如果店铺想要成功,经营者需要一点自组织和基本的日程安排技能。此外，经营者还要处理与交付、装运等相关的所有问题。

其次，降低开店的财务成本。在这一点上，或多或少是相对的，因为每个阶段经营者都有自己的选择。因此，金融投资的金额将取决于自己所作出的决定，网站创建的价格也会根据不同的情况而有所不同，例如功能、内容等。如果经营者将开设在线商店的成本与开设实际实体店的成本进行比较，那么虚拟商店仍然会更便宜。通过开网店，经营者可以衡量商品的受欢迎程度，并且仅在仓库中备有一定数量的产品。经营者还可以以很少的间接成本扩展产品选择。店铺不需要额外的人，广告和营销成本较低。

再次，网店将能够吸引千禧一代，他们可以成为目标受众。在可预见的未来，年轻的千禧一代将成为主要的消费群体。千禧一代习惯于体验购买时的便利性和快速性。无论如何，年轻的购物者＝在线购物者，这意味着快速结账就可以帮助减少购物车放弃，达成更高的成交率。

然后，网上开店还能做到更快启动一个店铺。从技术角度来看，经营者可以在决定要销售的产品后的几天内启动网站或店铺，这几天需要找到不仅能提供优惠价格，而且能提供优质商品的供应商。寻找客户和推广在线商店也需要时间，实体店也需要一些广告宣传，但是，如果比较在线商店和实体商店的推广，在线商店具有显著的优势。

最后，网店可以销售的商品种类更广。如果经营者决定根据直销计划工作，则无须将所有货物存储在仓库中。经营者可以在店铺的网站上列出可以访问的整个商品范围，这意味着产品的范围将是巨大的，但是，此方案不适用于高端品牌。高端品牌产品的买家要少得多，并且产品因其独特性而受到重视，因此，在这种情况下，庞大的分类不是最好的主意，毕竟交易保证金会更低。

网店作为互联网搭载的产物，对提高品牌知名度也很有帮助。品牌知名度是消费者对特定品牌的熟悉程度，这包括名称、徽标或公众与品牌相关联的任何定义特征。拥有在线形象有助于确保潜在客户找到产品信息并能够比较商店。

实体店铺曾经也很辉煌，但同时也具有许多劣势。传统实体店商品价格缺乏竞争力，实体店和网店在相互竞争时最强劲的因素应属商品标价，由于网店各项开支都较低，所以商品的成本也会较低。相比较而言，从公司、总代理商、区域代理商等，再到终端店铺，其中的每一个部分都需要抽成盈利。而电商却不会如此，他们直接与企业对接，商品售价没有抽成，因此会比实体更低。如果实体可以解决价格问题，那么在竞争力上一定能更上一层楼。

许多实体店铺在开业时，都会有这样那样的优惠。因为实体店铺吸引新的消费者的成本，比让老消费者多次进行购买的成本高得多，所以哪怕以半价销售，经营者一样不会亏本。而从前实体店销售往往都是一锤子买卖，消费者的黏性少之又少。

在互联网电子商务行业的快速发展下，实体店的人流量在大幅减少。有的时候，商场会出现营业员比顾客多的情况，就连大型商圈也面临相同的困境。

二、实体商家如何开好一个网店

在实体店进军互联网市场开设网店的路上，经营者如何高效开设网店？通过十个步骤，可以轻松帮助经营者开设网店。

1. 选择电子商务平台

承载网店的第三方电子商务平台将成为店铺的代言人，它所构建的平台及提供的电子商务功能将是顺利开展业务的重要组成部分。

以下是选择电子商务平台时需要考虑的一些因素：

工具。该平台是否为经营者提供了将业务转化为成功所需的一切条件？经营者是否可以使用它来创建营销活动、管理库存，或是在多个渠道进行销售并获得付款？是否可以自动执行销售税，自定义结账体验或添加在线聊天？

设计能力。该平台是否允许您创建一个看起来很漂亮，又具有高水平功能的店铺？它是否提供各种直观的电子商务网站模板作为起点？定制店面设计是否容易？

移动视图。网店构建器是否针对移动设备进行了优化？购物者是否能够在手机上舒适地浏览您的店铺？

2. 确定目标受众

开设网店时首先要注意的点就是要向谁销售，这对于确定要销售的产品、网站设计、营销技巧和运输需求非常重要。如果经营者已经有了一个产品创意，请用它来确定谁是该商品的理想客户。

在选择目标受众时，最好选择熟悉的受众。为了成功创建、销售和营销产品，经营者需要真正了解和理解客户群。

3. 选择在线销售什么

开设网店的一个关键因素是选择要销售的产品。一种方法是根据目标受众进行抉择，经营者可以为目标人群提供哪些产品或服务？可以解决他们哪些痛点？什么服务已经存在，但可以更好地提供？销售什么可以帮助或激发客户？

无论您选择销售的产品是什么，都请检查它是否满足需求。

以下是选择网店销售产品时的一些提示：

留意一个尚未开发的市场。是否有尚未上市的服务或产品创意？

经营者是否设计了一个可以解决特定目标受众痛点的项目？这可能是一个巨大的成功机会。

优化热门产品。采取您知道有效的东西，并使其更好。

以下是推出新产品时要考虑的一些提示：

出售易于运输的物品。对于电子商务，最好坚持使用不易碎、轻巧且包含很少移动部件的产品，当涉及电池或磁铁时，运输会变得复杂，因此也要尽量避免。

检查是否会获利，估算店铺投资回报率。首先，看看同类竞争对手，以确定大致定价；然后计算需要销售多少才能支付业务成本。

想想制造过程。如果要制造新产品，则需要寻找制造商，选择制造商时需要考虑许多方面，以确保商品可以保质保量地被生产出来。

4. 直销合作

如果想开设网店并开始快速销售，请考虑创建直销业务。除了快速设置之外，直销业务还包括一些其他关键功能，例如可以最大限度降低前期成本、库存管理和订单履行。

那什么是直销，它是如何工作的呢？

直销是一种易于启动和运行的零售业务选项，可让店铺销售产品而无须库存、管理或运输任何产品。

它的工作原理是将实体店铺的网店与直销供应商集成，并从其目录中选择要销售给客户的产品；实体店铺经营者可以确定如何定价、营销和提供这些产品；然后，当客户在网店进行购买时，经营者通过直销将订单信息转发给履行和运送订单的直销供应商。

5. 选择支付服务供应商

在开设网店时，最重要的是经营者如何获得收入，这是确保店铺能够顺利安全地接受在线付款的重要一步。

首先，确定店铺要接受的付款方式。最好为客户提供多种付款方式，以便他们拥有自己喜欢和最常用的付款方式。店铺经营者通常可以选择一种或多种付款方式，例如：信用卡/借记卡、数字钱包、银行转账、微信、支付宝等。

然后，选择您的支付服务供应商，供应商会处理店铺业务的每笔交易，例如从客户那里收到的付款。请记住，无论选择哪一个支付服务供应商，它都将是经营者用于处理所有信用卡付款的提供商。

6. 命名网店

集思广益，讨论与产品、行业、价值观或使店铺与众不同的因素相关的词语，使用这个词库来组合店铺名称，最重要的是，要确保店铺名称脱颖而出，并且尚未被使用。

7. 设计网店以进行销售

使用网店装修模板。淘宝在它的店家页面提供了大量可以调整和自定义的在线店铺装修模板，以确保网店看起来完全独特。

使用高级影像。产品摄影是网店销售的一个非常重要的方面，客户希望近距离了解店铺的产品的外观，他们需要确信自己在购买之前知道产品的外观，因此要使用专业的照片和视频来展示产品的外观、手感、尺寸、重量等。

8. 制定强有力的品牌战略

通过制定店铺发展战略，塑造属于自己的品牌。品牌塑造包括店铺名称、徽标等所有内容，店铺打造品牌应与店铺类型以及目标受众密切相关。

9. 决定网店业务结构

以下是三种最常见的业务结构：

独资：这意味着经营者和他的店铺在法律和财务上都有联系，如果经营者刚刚开始开设网店，这是最容易开始的业务形式，可以更轻松地开展业务。

有限责任公司：此选项可让经营者将个人和企业资产分开，从而降低创业风险，并且有限责任公司可以相对快速地建立并提供各种营业税优惠。

合作关系：如果网店经营者要与合作伙伴一起开展业务，则需要在启动时签署合作伙伴协议，这将跟踪每个合作伙伴的角色、责任、投资和权利。

10. 开始营销活动

当店铺已经准备好进行首次销售，就适时通过一些免费和付费的营销策略将客户吸引到网店进行消费。免费营销活动可以借助社交媒体，通过熟练运用社交媒体（如新浪微博和抖音），为网店创建业务页面。在个人资料页面上更新商家信息，包括网站链接、位置和联系方式。之后，可以发布有关促销、销售和新商品的信息，并链接到您的网店，让客户直接从您的社交媒体页面购物。

05 稳扎稳打开通线上销售线

在过去几年中,全球零售框架的中流砥柱已经被电子商务取代。与其他新兴行业相同,随着互联网的出现,零售业格局经历了重大变革。随着现代生活的持续数字化,全球几乎所有国家的消费者都纷纷从电商平台中收获好处。

随着互联网的日新月异,互联网用户在全球范围内迅速增加,数字买家的队伍每年都在不断攀升。2020年,超过20亿人在网上购买商品以及服务,同年,超过4.2万亿美元的零售额由全球电子零售业创造。

一、答疑解惑,寻找网店经营者的失误

作为经营者,其最关注的当然是如何让线上销售更加红火,以获得更多收益,但网店经营者也常常犯一些错误,导致销售额下降,或者使销售渠道越来越窄。

为什么网店没有产生良好的电子商务销量?根源之一,是因为瞄准了错误的市场。懂得如何营销产品以及向谁推销它非常重要,如果消费者对店铺的产品不感兴趣,他们不是店铺的目标受众,那么,花再

多功夫都收效甚微。经营者必须综合考虑这些影响因素,将之作为营销店铺产品的重要决策依据。在关于潜在客户生成的话题上,店铺的经营者也可以考虑瞄准定制销售,通过了解目标受众,品牌可以根据他们的需求,个性化设计产品和服务。

另一个网店经营不好,是因为销售渠道不够畅通。消费者在网上搜索商品时,无法通过关键词找到相应的店铺或者商品,自然无法构成事实购买行为。此外,店铺的信誉度也是消费者抉择时的重要考虑因素,当商品能够满足消费者需求时,消费者会考虑在信誉度较高的店铺购买商品。因此,要想办法提升店铺的评价和星级,通过及时反馈顾客需求、解决顾客问题等,减少店铺的负面评价,让新顾客对店铺有足够的信任,能够放心购买。

店铺客户服务很糟糕也会对线上的销售线造成负面影响,如果客户给店铺差评,很大程度意味着他们对店铺的服务不满意。即使是商品出现问题,如果经营者能够第一时间出面,给出合理的解决方案,并在后续的服务中给出道歉,表现出暖心关怀,顾客通常也不会轻易给出差评。与差评给店铺带来的负面影响相比,这种做法无疑代价更小。

价格问题则是另一个影响购买的重要因素,与线下比价不同,线上购买商品时消费者可以轻松地对比各平台、各商家的价格,在商品功能与质量类似的情况下,消费者会选择质优价廉的商品。如果在价格上没有优势,商品本身又没有格外突出的特点,消费者就不会选择。经营者在设置商品价格的时候,要经过横向比对,既不能过高劝退消费者,也不能过低影响利润,选择合理价格区间,突出商品的最大卖点,消费者多方比对后,会作出自己的选择。

经营者如果想要增加在线销售,稳扎稳打开通线上销售线,则需要解决这些问题,如此将自动促进电子商务销售。

二、找准方法，打通线上销路

快速增加电子商务销售额，打开线上销售渠道，需要网店经营者用心做功课。获取客户的信任对每一个经营者都至关重要，提供卓越的客户服务也是经营者需要做的。了解了导致在线销售额下降的常见原因，以下是一些可以增加商店电子商务销售额的方法供经营者借鉴。

1. 提供卓越的产品

电子商务商店无法获得销售的主要原因是它无法满足市场需求。在当今竞争激烈的在线电子商务领域，人们需要大量的预算才能在营销渠道上全力以赴，这包括一流的商店、有竞争力的定价策略、独特的高需求产品，以及保持并测试经营者制胜策略的耐心。在提供卓越产品的同时，拍摄高端产品图片对于促进电子商务销售至关重要。如果你想增加在线销售，你应该采取高端电子商务产品图片，因为这些图片可以帮助激发用户的购买欲望。请务必拍摄高端图像，以确保产品以正确的方式呈现自己，这将帮助经营者运用准确且高效的方法推广其所销售的产品，将帮助经营者大幅提高电子商务销售能力。

2. 增加店铺流量

店铺无法获得电子商务销售的最明显原因是因为它没有获得流量，如果店铺每天的访客少于 10 人，则转换销售的机会非常低。

3. 改善网站问题，优化用户体验

当电子商务网站在产生电子商务销售时遇到问题，可能是由于一些核心网站的体验问题，或许是因为网店导航很差，访问客户很难快速缩小搜索范围，使他们没有获得有关产品的足够信息。如果他们无法

获得所需的详细信息,他们会在其他地方寻找。或是店铺自身没有足够降低风险,使消费产生不安全感。比如:如果产品不合适,退货政策是什么?消费者的支付信息安全吗?经营者需要灌输给客户足够的信心。许多电子商务商店在推出网店时无法产生销售,这是因为他们没有向客户正确解释他们的价值主张。如果客户查看网店的产品页面,他们需要快速明确地了解网店的产品和品牌,以及与竞争对手的不同之处。

4. 改正错误的目标市场

大多数商店卖得不好,因为它们要么没有带来任何流量,要么把错误的人带到了网店。一个网店之所以成功,是因为经营者专注于推动有针对性的自然流量,这种类型的流量更有可能转化为电子商务销售。经营者可以采用多种方法来吸引自然流量:撰写推送文章,说明使用产品能够解决什么问题;注意搜索引擎优化;使用特定细分的电子邮件市场。

5. 关心网站内容

我们经常看到的最大错误是网站所有者不关心内容。如果从事直销业务,请创建吸引人的产品图片和产品描述,如果两者都能与访问者产生共鸣,将很容易将目标客户转化为购物者。此外,经营者要经常衡量、跟踪和改善网站上的行为,此时应该使用更高级的分析软件。

6. 从基础开始

一方面要确保店铺内配备高清且优质的产品图像与描述,轻松导航和搜索功能,以便客户更加轻松地寻找内容。设置与市场和客户价值一致的产品价格,并提供简化的结账体验。另一方面从营销的角度来看,要特别关注:是否瞄准了合适的客户?是否提供了足够的客户支持?有很多负面的评论和评分吗?是否有最大化拥有客户的终身交易价值?因此,第一步是确定问题,以便可以围绕问题修复制订行动计划;当建立了一些信任,人们将访问在线商店;接下来要设置正确的报价,以便这些人可以从在线商店购物。除了与品牌建立信任之外,在网站上展示推荐也很重要,这是展示公司业绩并让人们了解服务质量的绝佳方式。

7. 优秀的运输系统

当人们没有按时收到订购的商品时,他们会怎么做?他们可能取消订单,或发布有关电子商务商店的负面评论。在电子商务中,商家必须确保在短时间内派单,运输时间在商店的评级中起着重要作用。

当前网店为了增强竞争力,通常会选择包邮的方式,即与合作的快递公司达成协议,用最低廉的价格运输货物。包邮的店铺往往更受欢迎,但如果客户有指定的运输方,或者提出商品保价等特殊需求,则需要单独支付运费或保价费。

8. 对员工进行激励

除了需要对客户与店铺进行一系列维护,以达到销售线的拓展,店铺中的销售人员,也是不可或缺的一环。经营者可以设立销售人员激励计划,给予店铺销售人员一个理由,让他们愿意出去销售产品。例如为销售人员提供旅行、电子产品礼物或大额津贴,以获得一定数量的销售效果,这些激励或是津贴,可以让销售人员在工作时感受到鼓励。一个销售人员做得越好,创造越高的销售量,他获得的奖励也就越丰富,自然愿意去更加努力地工作。

9. 多搞促销活动

说服客户相信好处。如果经营者有进行促销活动的打算，请告知客户，他们大概率会积极参与，并且可能还会带他们的好友一起参与，进一步增加店铺销售额；同时也可以运用短信、邮件、公众号推送等致信客户，或在个人社交媒体账号上发布相关内容，向他们提供内幕消息。

10. 对待老客和新客户应有所不同

设立并划分一个清晰明确的界限，这种区分是为了向老客户表明重视。如果所有客户都被视为"街上的人"，那怎么能指望他们可以提供对店铺的忠诚度呢？经营者可以通过多种方法向常客展示对他们的重视，从简单地用名字问候他们，到为常客提供扩展信用或折扣。很多大型互联网公司通常实施对客户的奖励计划，小店铺不能因为小就找理由省去对客户的奖励计划。奖励计划类型多样，它可以十分简单，如客户过生日可享受打折；也可以很复杂，如商场积分系统的计算。如果做得好，奖励计划能够极大地助力客户忠诚度的建立并增加销售额。

11. 提供免费样品

很多店铺会在消费者购买商品时提供免费样品，这样能够花小成本提高销售业绩。那些消费原始商品的消费者，也许会愿意试用一些新的产品，如果满意他们会去购买。同时他们也许会将新产品推荐给别的客户，那些客户也会选择去试用产品，体验它并成为新客户。至少，店铺的老客户会对你的店铺有活跃的想法，而且想要告诉其他人你的产品。

招揽新客完全没问题，可是并不是只有招揽新客才可以提高销售业绩。把吸引现有客户当作现在工作的重点，并鼓励重复销售可以更快地产生更多业务。建立客户忠诚度，店铺将走上销售大幅增长的道路。

增加电子商务商店获得的订单数量是一个渐进的过程，也许不会在短期内看到变化。但是，如果遵循这里提到的方法，并保持专注于店铺，你将看到商店的订单量显著增加。然后，再将销售的重心从招揽新客转移到招揽经过验证的客户二次消费上，要知道，最满意的销售背景是完成转换的潜在客户。如果开始将销售重点放在经过验证的客户身上，将能够大幅增加链轮的销售额。这些提高销售业绩的可靠方式也将对客户忠诚度的建立大有益处。

开通线上销售线的过程并不难，作为网店的经营者，去花时间花功夫仔细研究网店运营过程中的每一步是必不可少的。成功的网店运营会让线上销量扩展延伸，增加网店的销售额并且让营商通路更加长远。在如今高速竞争的互联网市场中想要分一杯羹，如何打开销路走得更远，还需经营者细细揣摩。

第四章 04

用户体验：实体店突围的最佳着力点

如今，越来越多的商家开始重视用户体验。那什么是用户体验？它是决定店铺成功与否的因素之一。用户体验不佳的店铺不仅表现不佳，而且从长远来看还会对企业和品牌造成损害。出色的用户体验对实体业务有许多的好处，任何实体店的成功都与其产品和服务的质量直接相关。当专注于为客户创造出色的用户体验时，店铺销售额与相关储备资源便会发生增长变化。

01 重塑用户思维，紧跟用户需求

当实体店铺的顾客对门店的业务有很好的体验时，他们将更有可能为店铺推荐朋友和家人。如果顾客每次在实体店铺购物时都有良好的体验，那么这将会成为一家成功的店铺。

有一家成功的面包店，一个男顾客来买蛋糕为老婆庆祝生日，店长问他，为什么不再买一束鲜花送给她呢？顾客回答，鲜花又不顶饿，不如吃的东西实惠。但这仅仅是丈夫的想法，老婆嘴上虽然会说鲜花不实惠，但如果真把花送给她，她心里可能远比吃上一口蛋糕高兴得多。店长敏锐捕捉到了消费者的需求，于是此后每次有顾客来买生日蛋糕的时候，店里都会免费送上一枝鲜花，一时间好评如潮，店铺的生意也有了大幅度提升。

在实体店的破局之战中，极为重要的一步就是对用户群体进行研究，了解用户思维与需求。如果商家了解使用产品的用户，则可以针对他们的偏好进行设计。如果商家对用户没有一点儿清晰的了解，自然也就无法知道如何设计产品才能使客户满意。

从制造商到技术公司，如今的市场要求每家公司都成为高科技公司。电子商务、移动云和机器人的发展,加上工资上涨和熟练劳动力稀缺,极大地促进了技术成为现代商业模式的普遍组成部分。随着移动设备的普及,数字体验对客户来说比以前任何时间都更加受到关注。现在,设计和用户体验在将技术成功集成到业务中发挥着更深层次的作用。移动设备的激增以及在小屏幕上呈现复杂信息的需求,强调了用户思维和用户需求在每个应用程序中的重要性。用户思维就是通过了解最终用户需求,来创新和简化所涉及的业务流程,从而使组织受益。

一、突围着力点,用户思维是关键

立足从用户的方位去思考问题,即我们常说的用户思维。商家站在用户角度换位思考,这在如今的电子商务大环境下极为重要。商家在为用户服务的时候,不能只以商家思维从自己的角度去考虑问题,同时也需转化到用户模式去思考问题,这就体现了用户思维。经营者要放下日积月累的行业知识,以用户的角度去考虑问题、看待商品。

不仅如此,用户思维除了在电子商务的市场营销中至关重要,在日常生活中,也具有同样的重要性。如果无法掌控好用户思维,就会对企业发展造成负面影响。以下是生活中的一些案例,用来展示用户思维的重要性,以供大家更加透彻地理解。

某著名家电品牌就曾发生过这样一件事,该公司有一款产品主打空气净化功能,产品会内置四层滤网。为了产品美观和方便运输,这四个滤网提前被安装在机器中,而不是单独分开包装。这样一来,虽然用户购买该产品后拿到的是一个完整的空气净化器,但是他们往往不知道四层滤网的实际情况。用户收到设备后,自然而然地就接上电源线打开开关,便认为机器已经开始启动了,而实际上由于设备中四层滤网的塑料封套没有拆除，设备无法起到净化空气的效果。并且公司在设计时也没有进行漏洞排查，也就是说在没有拆掉滤网塑料封套的情况下，机器运行时也无法检测到这个漏洞，这导致一个问题——很多用户竟然是使用了数月后才发现的。

尽管设计师也做了说明提示：在设备的电源插头上附着一个黄色标签，并且该设备的说明书上也明确标注了要先拆除滤网塑料封套才可以使用，但并不是所有的用户都会去查看说明书，而那个黄色标签也因为太小很容易被用户忽略。这就是由商家用户思维不足而造成的负面影响，它导致用户体验较差的问题。

同样，某路由器在设计中也有缺乏用户思维的表现。最初，设计师所做出的路由器以鹅卵石的形状呈现，十分精美且小巧，并在确保信号连接强度的前提下使用了内置天线。在对市场的调查中企业发现，大部分消费者都是使用无线接入口，于是在产品设计时只留存了两个接口。这样一个看起来"完美无瑕"，且经过市场调研的产品，却在实际销售中出现了问题。

购买路由器的消费者认为，"路由器那么小一个盒子，却价格高昂，这不符合常理""居然没有天线，信号肯定比不上有天线的路由器——别的品牌所设计的产品都有三至四根天线""网线接口那么少，以后没法用了怎么办"。用户不会站在公司产品设计的角度来考虑问题，他们也不是研发人员懂得技术上的原理，他们只希望用更加低廉且合适的价格购买更优质且使用周期足够长的产品。后来，公司根据用户的各种反馈，站在用户的角度思考问题，根据用户思维，对设备进行了改进优化。他们修改了产品的尺寸，增添了天线和网口，这样一来，虽然对公司来说与最初的设计有所出入，但是用户乐意买单使得产品销量增加。

二、巧用用户思维，打造商业新生态

商业思想家罗杰·马丁曾说："用户思维帮助你在直觉和分析之间，在探索与开发之间，在可靠性和有效性之间，在艺术与科学之间寻求平衡。"用户思维是解决问题和创新的范式转变，用户不仅在寻找产品或服务，而且还期望一起获得惊人的体验。无论是软件工具、酒店的入住流程、营销活动的登录页面，还是优化销售流程，用户思维都能帮助商业实现组织转型。

由用户思维所带来的商业优势，也是许多实体店铺在转型之战中更加关注的部分，以下是巧用用户思维所能给商业活动带来的价值：

1. 急性问题识别

商家经常从用户那里听到各种抱怨，为了避免这种情况，可以拥抱用户思维，可以根据产品的特点进行假设和提问，向用户提出各种新奇的问题，对得到的有效答案进行归纳总结，确保产品能够以明确的重点解决问题。

2. 创新

当跨学科团队协作解决问题时，他们会以不同思维方式化解困难，从而产生创新的解决方案。为了创新，有必要了解员工的需求，在人们的需求、技术可行性和业务可行性的交叉点上，用户思维能够创造创新的机会。

3. 更高的利润和股东价值

设计管理协会在关于用户思维的研究中发现，星巴克、钢壳和沃尔特·迪士尼等以用户为导向的公司在 10 年间跑赢了标准普尔指数224%。

4. 指挥品牌忠诚度

以用户为导向的公司真正了解客户的偏好、品味、爱好和文化,所以赢得强大的客户忠诚度。众所周知,对设计的重视是苹果成功的一个重要因素。企业IT团队有很好的机会来改进这些产品的设计,并将客户和用户变成忠实的粉丝。

5. 简化业务流程

通过在用户思维会话期间,从用户那里学到的见解和反馈,有机会消除手动步骤并自动执行可能的步骤。

三、把握用户需求,直通财富大门

根据德勤数字的说法,用户需求是用户和业务之间界限模糊的场景。德勤的有关人员表示:"随着电子媒介体验的日益普及以及互联网环境的重要性日益增加,业务战略和用户需求战略目标正在迅速融合。"因此,学会弥合设计和商业战略思维之间沟通差距的组织,将发现自己处于更有利的位置,可以满足客户的需求和期望。

从用户需求开始,是每一个生意人的第一步。但是,了解用户需求实际上意味着什么呢?我们又能如何正确地做到这一点?用户需求经常被吹捧为解锁在线状态的关键,一个好的用户需求策略会让店家的业务目标与实际需要联系起来。那么又要如何把握用户需求呢,下面提供了一些建议:

1. 观察并与最终用户交谈

进行用户研究以观察并与用户交谈,了解人们真正想做的事情,以及他们试图完成某些事情的真正问题。

2. 需求可以是功能性的和情感性的

需求可以是人们需要做的功能性事情，也可能是情绪化的，也许人们感到压力和焦虑，他们需要安慰。

这两种类型的需求都很重要，如果你想设计一些服务，那么就要能够让人们选择使用它们，或者可以让人们在孤立无援的状态下使用它们。

3. 与真实用户交谈是无可替代的

了解用户需求就需要与用户进行真实的交谈，在与他们的对话中，你可以收获许多有用的信息。比如什么是用户对于产品真实的意见，或是用户到底想要一个什么样的产品。用户的宝贵意见永远是商家前进的不竭动力，真实的交谈、有效的反馈永远是无可替代的。

4. 将利益相关者的"用户需求"视为假设

"你不是你的用户，你不能像用户一样思考，除非你定期与用户见面。"这个观点向我们说明各种利益相关者，从未准确代表我们的最终用户，只有了解客户才能做得更好。

5. 走出去

在项目的发展阶段，团队不能闭门造车，应该走出去，在现场与客户进行交流，进行用户研究。团队需要发现最终用户在遇到您的服务时正在做什么。

6. 了解用户需求可节省资金

了解用户需求可以实现更好的服务设计，从而实现更大的数字化采用率和更高的合规性，以及更有效的策略结果，并且减少用户错误与不准确性，减少故障需求，总体而言，会使服务更具价值且运行成本更低。

四、把握商业平衡，用户需求优先

近年来，一些大公司正在放弃基于项目的战略，转而采用敏捷和全面的用户需求体验战略。例如，Google Material Design（GMD）是为设计师创建的，其目标是通过在语言中集成详细的指南和规格来确保整个产品系列的一致性和质量。另外，2013年开始，IBM（国际商业机器公司）在首席执行官的领导下，开始雇用数百名设计师，将其整体用户体验员工人数增加了300%，IBM Design（IBM设计）现在负责整个IBM的产品管理实践。

那么，实体商家又如何在用户需求和业务目标之间取得适当的平衡呢？

第一，需要明确业务目标。商家可能希望销售更多特定产品，或者让用户注册更加活跃，那么，首先要列出希望业务实现的目标，以及希望用户采取什么行动，并相应地优先考虑这些目标。

第二，确定用户目标。例如，需要做些什么来满足用户对网站或应用程序的期望和要求，这些目标和目的可能是设计策略的一部分。

为了确定这两组目标，实体经营者需要对用户和利益相关者进行全面的研究和分析，应该使用特定分析软件和用户反馈的定性与定量数据的组合；还需要采访关键利益相关者，以概述业务目标。这将涉及广泛的用户研究，在创建基于公正见解的解决方案之前，可以分析数据并验证当前产品的问题。

对当前用户体验进行深入审查，确定每个优点、痛点、限制以及每个方面对业务的影响，这将需要进行主要和次要研究，以定义每个问题并获得必要的背景。重要的是，不要只记录当前产品的积极和消极特征，还需要了解谁和什么事情触发了特定的反应，背后有哪些原因，这将帮助商家在后期为用户和业务目标提出解决方案和基准。经营者在概述用户所需的体验时，要避免任何精细的功能或技术细节的缺失；要专注于对用户的好处，并明确定义用户和业务成果是什么，以及希望通过此体验实现的特定结果。

第三，向利益相关者和用户组展示相关策略，以衡量他们的响应并在必要时改变方法。

第四，要对更多的用户在新功能上线之前进行测试，以便为用户和业务创造最佳产品。

02　进店如进家，顾客自然买单

近两年，"氛围感"一词频频登上热搜，成了各大媒体人口中的常客。"氛围"原指一种给人带来特定沉浸感觉的现象，其必定包含体现特定的天气，有时也包括特定的人物、涉及人的事件、人工建筑、地理环境。一个物品也许看起来平平无奇，但有了氛围感的加持就会使人感到与众不同。

氛围感对于实体商家来说，是在为其所售卖的商品添砖加瓦，就如画龙点睛一样。简而言之，店铺需要氛围感的加持使商品更加吸引消费者的眼球。当消费者进入店铺后，感到轻松自在、宾至如归，会欣然掏钱购买商品。店铺氛围包括零售店铺的物理特征，用于创建图像以吸引顾客，它是客户体验的直接贡献者，这对于发展店铺品牌以及品牌如何被感知非常重要。

如果店铺考虑开设新的业务，则必须考虑店铺的氛围在其成功中可以发挥的作用。客户不仅关心商店的外观和感觉，他们可能会根据其光顾的场所的氛围做出购买决定。如果经营者想要获得更多销售额，吸引新客户并留住现有客户，请在现有业务的外观上多下功夫。

一、氛围至关重要

研究表明,店铺的氛围给顾客留下了鲜明的印象。"商店氛围,情绪和购买行为"研究发现,客户根据氛围,对场所的评价有所不同。该研究比较了两家家具店,一家拥有愉快的氛围,另一家拥有令人不快的氛围,通过衡量顾客在购物开始、中间和结束时的情绪得出以下结论:在令人愉快的商店中有所改善,而在不太愉快的商店中恶化。在令人愉快的商店中,顾客对商店的满意度更高,购买成交量也更高。

1. 万事开头难

如果不知道从哪里开始营造商店氛围,请从基础开始。保持一个干净、有序的商店将创造奇迹。这意味着消除收银机周围、地板上以及客户聚集的其他区域的杂乱。此外,将店铺的除尘作为优先事项。当客户拿起产品时,如果产品被覆盖了数周甚至数月的灰尘,他们就不太可能购买它,毕竟没有人想带着覆盖着污垢的新商品走出商店。除了保持商品清洁外,店铺还应该保持井井有条。

2. 具体问题具体分析

在创造商店氛围时,重要的是要记住店铺想要的客户是谁。如果目标顾客是青少年,那么店铺中应该更多播放流行音乐,整体装饰也应更加活泼鲜明,好的照明和时尚的灯具是为年轻顾客营造时尚氛围所必需的。如果经营的是一家古董店,则可以选择使用较暗的灯光,为店铺营造复古雅致的氛围,让顾客拥有沉浸式的购物体验。

二、为客户营造美好氛围

在互联网改变零售之前,对于许多企业来说,找到一个很好的位置,销售人们需要的物品就足够了。自从网上购物变得简单和方便以来,许多人在网上浏览商品。也有人仍然在实体店铺中寻找乐趣,这些客户对购物的完整体验比对便利性更感兴趣,因为他们没有特定的目标。

无论是以便利为重点还是以娱乐为重点的客户,他们都希望店铺具有良好的氛围。虽然几乎每个人都对氛围有一个大致的了解,但实际上它意味着什么呢?作为经营者,要如何为您的客户创造最佳氛围,以便他们享受体验并推荐品牌呢?

1. 确定店铺品牌个性

在决定如何在零售店营造氛围之前,先要明确品牌个性是什么?

品牌个性的五种主要类型是:兴奋、诚意、耐用性、性能、多样性。人们更有可能购买他们认为反映他们个性的品牌,例如,女性会倾向于购买精致美观的物品,而男性更加注重物品的实用性。

一旦你找到了你的品牌个性,就可以开始设计店铺的布局。良好的商店布局一般规则是保持高度清洁,减少视觉混乱。保持一条清晰的道路,穿过产品的不同领域,保证人们停留在他们可能希望购买的物品前,这是影响店铺氛围的普遍元素,也反映了经营者的能力与店铺的便利性。这些设计功能可以帮助店铺营造一种氛围,让客户喜欢。

2. 照明

让客户看到产品很重要,但照明可以产生更深层次的心理影响,而不仅仅是保持一切可见。明亮的灯光可以让人感觉更有活力,良好的照明也可以使店铺感觉更大。调光可以营造出一种平静的感觉,就像一个家。如果照明不良会显得店铺装修较简单,容易让顾客产生疲惫和压抑感。

3. 服务和员工

友好的工作人员对于愉快的购物体验至关重要，尤其是在拥有昂贵电子产品等复杂商品的店铺中。重要的是要确保员工易于找到并训练有素，在询问客户是否需要帮助时，他们不会让客户感到不满或显得过于干涉。他们的服务也不应该太多或太少，应该快速友好，因为等待时间通常被认为是影响销售进度的。

4. 音乐

这是在商店中营造氛围和气氛的另一种很好的感官方式，但重要的是要记住将任何声音保持在合理的水平。一部分群体喜欢背景中的舒缓音乐，而另一些则更喜欢动感激烈的音乐。有些人想放松到购物体验中，所以慢节奏的音乐对他们来说很有效，但其他人想在商店里快速移动，找到他们需要的东西，并在几分钟以内迅速离开，所以他们想要更快的音乐。找到与您的品牌个性相关的音乐是关键，了解客户群的音乐偏好将帮助您为他们创造完美的声音体验。

音乐是营造良好氛围的最简单的方法，无论您如何选择为客户创造完美的氛围，音乐都是一个很好的开始。每个人都喜欢听音乐，因为人类的大脑具有独特的天赋，可以将记忆、感受甚至身体节奏附加到音乐中。简单的音乐背景可以增强客户的情绪、节奏和对品牌的积极感受，然而，错误的音乐会让他们厌恶。

一项研究报告称，超市的背景音乐可以改变顾客在商店中移动的速度，而不会影响他们购买的量。古典音乐可能会导致顾客购买具有更高感知价值的物品，或者更容易接受奢侈品的更高价格。

三、进店如进家，为顾客创造归属感

为什么有些客户在店铺里只有几分钟而不花一分钱？你或许会说

这可能是不愉快的客户体验，也可能是他们对品牌不感兴趣。先不要妄下结论。商店的氛围不仅仅是设计、灯光或吸引人的家具，为了提供真正吸引人的客户体验，需要尽可能地超越客户的五种感官，提供合适的温度、湿度和气味，让您的客户绝对满意。

客户满意度比客户服务更重要，这是一种与众不同的商店氛围。现在，为客户提供卓越的体验已成为区分企业是否真正关心客户的关键因素。作为零售企业，需要用正确的气味、温度和湿度来触发客户的情绪，以便他们在与商店的业务进行互动时感到高兴。经营者需要赋予其品牌一种被客户认可和珍视的个性。

研究表明，嗅觉被认为是我们最情绪化的感觉。嗅觉会触发人们的某些感觉，这反过来又会影响人们的行为。例如，商店中咖啡的气味会给顾客带来清醒的感觉，从而刺激他们购买更多商品。香味也被证明可以说服顾客在零售店停留更长时间，提高他们的品质感，并为顾客创造一种温暖的熟悉感。

合适的温度也会带来不同的体验。非常热或冷的商店温度会使顾客立即想要走出去，所以店铺需要提供合适的温度，使客户购物愉快。越重视客户的体验，他们就越会愉悦地购物。

但有时这不仅是热或冷的问题，湿度的计算也是一个问题，却经常被人们忽视。在高湿度的商店里，顾客不仅会感到不舒服，而且其中一些人可能会受到伤害，特别是患有某些疾病（如哮喘）的人。创造理想的湿度可以使客户在购物时更加舒适。

当客户感到舒适时，他们对时间的敏感度会有所下降。创造良好的店铺氛围，如宜人的香气、合适的温度或柔和的音乐，顾客将进一步减少感知等待时间，同时会保持心情愉悦。宜人的条件使客户感到高兴，会使他们愿意在店铺中徘徊并进行意外购买，从而为经营者带来更多收入。

商店氛围对员工的影响与客户一样直接，合适的氛围让员工感到舒适，使他们更加专注于他们的任务，并以微笑为客户服务，这对店家与客户来说是一个双赢局面。

归属感是人类的核心欲望，它高高地占据了人类需求的等级。对归属感的需求并不新鲜，但我们与他人联系的方式已经发生了变化，我们的注意力持续时间较短，从一个屏幕瞥到另一个屏幕只需要一眨眼的工夫。作为店铺的经营者，与客户建立这种强烈的归属感将产生奇妙的反应。店铺可以在一个不咄咄逼人、非销售、非侵略性的环境中快速发展业务、提高利润。那么，店铺的经营者该如何让顾客感到有归属感呢？

1. 建立不断增长的关系

没有一种良好的关系会停滞不前，它会随着时间的推移而成长，进入新的阶段，聪明的品牌采用相同的方法来处理他们的客户关系。万豪是 IBM 榜首的另一个品牌，它提供了一个模范的忠诚度计划，以与客户建立联系。他们还根据客户的喜好提供个性化体验，甚至根据与忠诚客户的关系来投资新品牌，从而进一步加深与客户的关系。

2. 让每一刻都变得更好

每一刻都很重要，迪士尼是一家通过讲述一个故事，让人们相聚在一起的公司。迪士尼利用先进的数据分析来增强客户体验，让客户觉得每时每刻都有意义。技术工作是为了连接而不是隔离，要成功地做到这一点，需要高水平的同理心和创新，迪士尼就是利用这两者来推动品牌进入新水平的。

3. 创造体验，而非产品

经营者可以为客户创造归属感，因为你已经清楚地定义了你是谁、你最擅长什么、你为谁服务，并且你更了解客户的需求和动机。

规划出色的客户体验，让客户以千种方式知道"你属于我"。体验涉及客户从陌生人到付费客户，然后再次从付费客户到回头客所涉及的全部步骤，新奇的体验功能可以让客户与商家之间的关系奇妙地产生一致性。

当客户感受到这种一致性与独特的归属感时，他们就会有动力采取购买行动，这就是为什么客户在一夜之间排队购买新出厂的苹果手机，或是花费数千元购买机票，以看到喜欢明星的演唱会的原因。

03　快捷支付，不让购物快感中断

企业无论所在的行业或业务规模如何，都倾向于接受快捷支付，这得益于现阶段以及长期的整体优势。此外，自从智能手机的使用增加以来，快捷支付的使用率急剧上升。

随着企业变得无边界，并旨在占领全球市场，遵守消费者的行为就变得非常重要。随着界限的变化，购买行为也会发生变化。

对于企业而言，保持高现金流是重中之重，牢记这一点，大多数公司都乐意敞开大门接受快捷支付。快捷支付产生的在线发票可帮助公司节省时间，并为客户节省精力，它还有助于减少实物交易中涉及的过高成本。通过拥有在线发票支付，公司可以为客户提供世界各地的各种快捷支付选项，并使开发票成为一个简单的过程，它还有助于减少打印和用于发送的大量纸质发票；此外，不再需要等待支票出现、存入支票、等待资金清算。

一、多种方式，合理选择

随着网上购物的快速增长，快捷支付已成为现代社会不可抗拒的趋势。毫无疑问，快捷支付确实为人们带来了巨大的好处，它最明显的优势之一是它带来的便利。与传统受时间和空间限制的支付方式相比，快捷支付使消费者能够随时随地完成购买行为。随着快捷支付的流行，如何确保支付安全也成为人们关注的焦点。

作为希望在不同地点都可以进入电子商务市场的商家，其所面临的最大挑战之一是了解最常用的快捷付款方式是什么。了解哪种快捷支付最适合该市场至关重要，因为如果首选付款方式最得消费者的心，那么消费者完成购买的可能性就要高出70%。

无论消费者是从微信还是从实体店铺的线上应用程序购物，消费者都希望在线商店提供不同的付款方式，由此他们可以选择适合特定需求的付款方式。为了与最广泛的受众群体相关，经营者需要确保自己的店铺能够支持那些最受欢迎的快捷支付方式。

1. 信用卡和借记卡

信用卡仍然是全球最受欢迎的在线购物选择之一，尽管近年来它的市场份额已被电子钱包削弱。在全球范围内，信用卡在欧洲和美洲等长期存在的电子商务市场中具有更明确的偏好。

信用卡作为最受欢迎的在线支付方式，它的交易多年来一直受到全球或区域合规标准以及支付处理商发布的消费者保护措施的监管，例如，它们所坚持的保护措施。

与借记卡相比，信用卡在某些市场具有更明显的偏好，因为它们具有一些附加功能。例如，信用卡支出会影响用户的信用评分，并作为选其为在线支付方式的额外动力。

2. 电子钱包

电子钱包也被称为数字钱包，是全球B2C电子商务中增长最快的在线支付方式之一,预计很快将占全球电子商务销售额的50%。一些报告甚至发现,去年在全球范围内,电子钱包的使用频率已远超信用卡的使用,例如在亚太地区的一些市场中,这种在线支付方式在2019年占交易的近60%。

这种替代付款方式的工作方式类似于预付信用账户,并存储客户的个人数据和资金。使用电子钱包时,用户不再需要输入他们的银行账户详细信息来完成购买,从结账到电子钱包的页面,他们只需要通过输入用户名和密码来登录即可完成购买。

受欢迎的数字钱包包括支付宝、Apple Pay(苹果支付)、微信等。电子钱包还可以与移动钱包结合使用,采用智能手机的生物识别选项,帮助客户更快地进行身份验证,从而更快地完成付款。

3. 银行转账

这种在线支付方式涉及客户使用自己的资金从其银行账户付款,它被认为具有额外的安全保护,因为交易需要通过客户的银行进行身份验证。选择它作为付款方式时,银行转账会将用户导向其网上银行门户,在那里他们必须登录并授权交易。

4. 立即购买,稍后付款

最近引起关注并在近两年中增长了162%的在线支付方式是"立即购买,稍后付款",这是一种即时贷款形式,越来越多的年轻消费者正在转向这个方式。选择此选项时,购物者可以选择稍后付款,而无须为此打开信用卡。在结账时提供此选项可以说服30%的额外买家完成他们本来不会有的购买。

虽然这种替代支付方式仍处于起步阶段,但预计未来几年将会有大幅度上升,这种付款方式的一些选项包括京东白条、花呗等。

5. 预付卡

另一种替代的在线支付方式是预付卡，主要由无银行账户的用户或未成年人选择。客户从一组预定义的可用值中选择预付卡，然后使用该卡上的详细信息进行在线交易。

预付卡的市场渗透率目前仅占全球所有电子商务交易的1%左右。这种支付方式的使用在游戏行业中更为普遍，极大可能是由受众人口统计数据驱动的。

6. 电子支票

使用电子支票是自动清算中心监管的一种在线支付方式，涉及从支票账户中提取资金。用户自己直接从他的互联网银行账户授权付款，处理类似于常规纸质支票，但速度更快。

电子支票在美国商家中很受欢迎，销量大、平均金额高，被认为是一种负担得起的在线支付方式。

7. 本地电子商务支付方式

虽然了解针对全球市场的在线企业最佳付款方式至关重要，但为了进入一些本地市场，经营者必须了解每个地区的偏好。

二、快捷支付，让购物更便利

快捷支付有助于组织即时支付，它打破了地理限制，即使没有实体存在，也可以让客户购买。人们可以轻松地坐在家里或办公室舒适地付款。在线付款还提供交易的即时通知，使客户对购买的物品保持放心。

对于商家来说，接受在线付款更便捷、更安全、更可信，商家会立即收到款项。同时，在线支付为消费者提供了欺诈保护，如果他们没有收到通过网站在线购买的产品，则可以保护他们的资金。

对于商家来说，通过快捷支付还可以提高声誉，获得客户的信任。此外，当消费者拥有快捷支付系统时，您无法通过支票要求消费者付款，因为这样的要求已经脱离互联网时代。在线付款方式可能会影响客户购买网站上列出的商品，由于交易快速而简单，并且可以通过信用卡付款，因此如果有在线快捷支付系统，买家更有可能进行购买行为。

很多时候，商家会抛出节省成本的交易来吸引客户，如果在店铺的网站上设置在线付款的选项，则客户甚至可以在最后一刻进行交易，这将增加销售额。

以下是经营者在消费者购物中实施快捷支付后可能获得的十个优势：

（1）即时付款；

（2）快速简便的设置，能够促进更多销售；

（3）全球商家的可靠支付方式；

（4）提高客户的信任度；

（5）为定期付款增加便利；

（6）信用卡促进低余额消费；

（7）使用在线支付凭证促进推荐营销；

（8）获得竞争优势；

（9）影响冲动买家；

（10）通过最后一刻交易获得更多销售。

三、快捷支付，让商家也受益

现如今，每个企业都需要保持较高的现金流才能顺利运营，这就是为什么许多企业开始倾向于以快捷方式接受付款的原因，快捷系统可以帮助企业节省时间和金钱，使用快捷支付可以快速处理付款。

快捷支付系统还将允许商家立即进行现金申请，并让商家非常准确地核对财务记录,这将消除会计错误,并帮助保持记录更加清晰。借助强大的快捷支付系统,商家可以将支付从成本中心转变为业务的关键竞争优势。此外,它可以节省时间和成本,提高安全性,这是使用电子支付系统的额外优势。但是,使用快捷解决方案的优势不限于此,以下是快捷支付具体带给商家的一些好处:

1. 即时收款

快捷支付比现金或支票等传统支付方式快得多,对于在线支付,商家没有任何时间或地点的限制,可以随时从全球任何地方轻松收款。

2. 更高的支付安全性

快捷支付系统功能强大,所以在商家中也变得越来越受欢迎。对于商家而言,现金收款在一定程度上容易收到假钞,这样会给商家带来一些困扰。而快捷支付的出现,避免了这种情况的出现,也丰富了商家为更多客户提供服务的机会。

快捷支付系统为商家提供多种方法来保护其付款,例如令牌化、加密等。现在,客户不必每次都输入他们卡的详细信息,因为可以使用一次性密码保存其卡的详细信息完成交易。

3. 更好的客户便利

快捷支付可以帮助商家为客户提供便捷的支付体验,它允许客户通过提供稍后付款的设施来赊购商品。商家无须不断向客户发送付款提醒,而是可以在特定时间段后自动收款。

4. 节省加工成本

在没有电子支付系统以前,如果想为客户提供支付服务,那么商家首先需要与卡处理器绑定。处理器将为商家提供用于处理的支付网关，作为交换，它将向商家收取固定费用，这个成本非常高。如果在业务中使用电子支付系统，那么商家就不必产生如此高的费用，只需向服务提供商支付固定订阅费用即可。

5. 低盗窃风险

"现金为王"这句话在商业世界很受欢迎，但也有一些局限性。如果商家使用现金接受客户的付款，则有可能出现被盗等风险，需要采取高度安全措施将现金存入特定的银行账户。但是，如果商家在业务中使用安全的电子支付系统，则可以降低这种风险。商家通过使用在线支付，可以在一天结束时，轻松获得所有交易的准确记录。

6. 透明

在支付方面，透明度成为一个重要因素。当使用数字方式接受付款时，保持交易的透明度对商家来说至关重要。在快捷支付的情况下，商家不必担心付款详细信息的记录。

7. 非接触式

在传染病流行期间，由于病毒的传播使人们开始寻找避免人际接触的方法，以保护自己免受病毒的感染，因此，对非接触式快捷支付的需求有所增加，这对使用快捷支付的商家来说十分有利。

04 小店也可以做出轻奢风

视觉营销是一种通过视觉制作技术而使品牌具有吸引力的营销方式,它突出了店铺的独特功能。在店铺的打造中,我们经常会听到"轻奢风"这个词语,对比奢侈的定义,轻奢的价格通常更低廉,更容易被消费者所接受。

"轻"代表了一种优雅、谨慎、舒适的态度,但又不失高贵和精致;"奢"不是奢侈品,而是一种对生活的态度。所以轻奢的概念是:不给人带来负担,追求一种低调的状态,能够充分享受生活的美好——这就是当今的轻奢态度。

一、视觉营销

视觉吸引力和沟通被认为是零售的重要组成部分,因此视觉商品销售是零售业利润增长的有利部分。

为了留在市场上并取得竞争优势,零售商开始整合各种差异化运营的策略和技术。在视觉营销中,商家要确保店铺的外观和内部都足够吸引顾客。店铺的外观和内饰对消费者的购买行为都会产生重大影响,并可以良好激发他们的兴趣和购买欲望。这种技术也有助于销售开发对客户的吸引力,并为正确的客户提供正确的产品。

视觉营销是与客户沟通的主要方式,它已成为店铺吸引消费者的一个非常重要的工具,营销人员可以找到新的创新方式来抓住客户的关注。通过视觉营销吸引消费者的关键要素是橱窗展示、商店布局、颜色和照明以及店铺整体装修设计。

店铺的零售环境被认为是视觉营销的一部分,如商店布局、建筑设计、墙壁颜色等因素。一般来说,视觉营销有两个主要区域,商店的外部和内部,如颜色组合、照明方案、产品放置、商店布局和设计、人体模特放置和道具选择、家具和固定装置,所有这些因素都在营造良好的购物氛围方面发挥着重要作用。

将视觉营销作为一种营销技术,经营者通过增强其商店的外观和内部,以吸引他们的目标客户,这有助于经营者为他们的店铺建立一个强大而积极的形象,以及在消费者中产生所需的关注和欲望。

在视觉营销中营销人员的目标会影响消费者的五种感官:视觉、听觉、触觉、嗅觉和味觉,可以有针对性地确定店铺的整体氛围,但是,这不是一个单向的过程,店铺管理或营销人员需要根据消费者的需求和产品进行具体判断。为此,店铺管理层必须根据目标设计商店的内部和外部市场,评估消费者的观点并持续进行跟进,以此来打造店铺的轻奢风。

二、店铺轻奢,行业新蓝海

2008年后,美国和欧洲等主要奢侈品消费国家和地区经济疲软。在消费的压力下,人们开始削减开支,追求物有所值。对美国消费者的一项研究表明,在2008年和2009年,超过18%的消费者购买的商品比以前更便宜。此外，46%的消费者表示，便宜的产品比以前更好；34%的消费者表示，他们不会再购买更贵的产品，认为它们"不值这个价格"。自2012年以来，传统奢侈品行业的主要经济体增长放缓，但轻奢侈品却开辟了新的发展市场。

那么什么是轻奢呢？轻奢是平等的，品牌的目标不是高，而是宽，是中产消费者争取购买的象征，他们提供的价格是合适的。至于轻奢的定义，虽然有不同的说法，但所有描述的重点都是：针对中产，定位广泛，价格合理。因此，这是品牌为其理想客户制定的市场定位。

轻奢在目标消费人群中也呈现出年轻化的状态。除了价格外，也反映在采购人群上，轻奢品的目标群体是新兴消费者，是年轻消费者和刚刚进入中产的人。一方面是轻奢品的买家年龄变化，轻奢消费品的设计更符合年轻人的审美；另一方面轻奢品消费者群体的购买力仍然无法购买奢侈品。

如今，竞争环境已经发生变化，有越来越多的店铺加入竞争。蔻驰在与奢侈品品牌的竞争中，并未坚持其高端奢侈品的路线，相反，它利用"经济实惠的奢侈品"的美化定位打开了新市场，为品牌找到了增长空间。随着越来越多的品牌开始进入这个市场，竞争越来越激烈。

三、打造店铺轻奢风

现代轻量级豪华装饰风格是许多实体店的新选择，也是现在比较流行的款式，但许多人并不清楚"轻量级奢侈品"一词是如何表达的。所谓的轻量级，是基于极简主义推崇的风格，通过更简洁的线条放弃了一些复杂的年代元素、风格等，并用一些精细的针织元素取代了平滑的门板、简单的隔断，不需要修改尺寸、加工，从而显示出高品质的生活方式。

奢华轻盈的风格注重简约的硬装饰手法，但不像一般的简约风格那么随意。简单朴素的外观往往折射在隐藏的高贵之下，大多数精致的柔软包覆元素都是由它制成的，这种装饰风格的主要装饰相对简单，但不如现代简约，其用于装饰的墙纸和家具线条典雅，多用纺织品和毛皮装饰，外表看似简洁，却给人一种低调奢华有内涵的感觉，是现代与古典风格的完美融合。硬装将更加现代，家具和软装将更加经典，整体感觉非常时尚、豪华、上档次，其常用的高档黑色和高档灰色使其视觉性能更加卓越，特别是黑白对比度，总是能给空间一种很大的流动感。中性色彩搭配优质触感，如骆驼色、象牙白色、玛卡色、黑色和炭灰色，打造低调奢华的视觉体验，赋予空间更多质感。

除了外观简单豪华外，内部也很重要，每个店主都希望创造一个身心完全放松的购物环境。一位设计师曾经说过，轻盈奢华的装饰风格就像冬天的羊绒羽绒被，让你可以得到最温暖的呵护。许多人的轻量级奢侈品概念始于INS，通过降低颜色饱和度、对比度、色温和增加曝光量，您可以创造出一种冷酷或清新干净的复古风格，这就是其原型。

首先，我们需要知道色调是在大面积空间中呈现的颜色。例如，墙、地板、沙发、床使用的颜色。在奢华的轻质风格中，设计师倾向于在大面积的空间里使用具有优越感的中性色。墙面、地板颜色可以采用骆驼、牛奶、大米、象牙白、原木等颜色，这些颜色趋向于优雅的色调，可以呈现出优雅的风格空间氛围，配以厚重的时尚优雅图案，以达到视觉上的平衡与统一。商店的主要物品是一个相对体积较大的物品，在商店里一目了然。例如，沙发和橱窗可以有一系列高端的颜色，如莫兰迪颜色或浅杏仁色。除了主颜色外，还有饰面颜色，饰面颜色的作用是最后的润色，在正确使用主色调的同时，可以局部涂抹黑色、炭灰色形成色彩对比，然后添加明亮的跳跃色来填充，最大限度地发挥轻盈奢的气质和外观。最具代表性的轻奢华装饰是黄金,同时,它也是轻奢不可或缺的颜色。金色带来优雅和奢华的气质,不过请注意,黄金只能在小范围内使用,例如,您可以选择小金器、金灯、金装饰、金框架,如果大面积使用,会出现粗俗或局部的感觉,这与轻量级奢侈品的理念背道而驰。

如果颜色是最直观的视觉,那么材料对细节的抵抗力最强,在创造空间风格时是看不见的。轻盈奢华,在材质上一般采用豪华气质大理石、金属、玻璃、镜子等元素,以展现高品质、丰富质感的生活方式。金属元素是轻质奢华不可或缺的元素,无论是闪亮的金属,还是哑光的金属,它们都非常紧凑和现代。当优雅的黄金和质感完美的金属材料碰撞时,会产生轻盈奢华所需的高端感觉。金色金属鸟笼为整个房间增添了一丝精致,镀金的金属桌椅展现出优雅的舒适感,同时也是一种非常受欢迎的个性家具元素。

天鹅绒作为一种具有很强风格的材料,在豪华装修的轻量化设计中占有很高的地位,设计师通常将其用作沙发、椅子和其他主要物品的材料,触感柔软舒适,帮助营造时尚氛围,有懒散的店铺气味。柔软优雅的莫兰迪粉,结合高度质感的天鹅绒材料,完美地诠释了轻盈奢华的外观,即使是简单的白色也会在使用天鹅绒后立即变得优雅和大气。大理石和镀金金属也是轻奢的好伴侣。大理石,一种曾经在厨房里很受欢迎的材料,现在已经融入轻量级奢侈品的使用中。一个骄傲、寒冷、昂贵,一个复古、精致、简单,两者的结合简直就是上乘感觉的本真,这样的东西出现在店铺里,店铺的质量又将提升到一个新的水平!

05　产品可以单一，体验尽量多元

客户体验是客户在购买过程对整个品牌各个方面的印象，它导致了客户对店铺品牌的看法。创造客户体验有两个主要的接入点，即用户与产品。卓越的客户体验对企业的不断成长十分重要，优质的客户体验可以增加客户忠诚度，促进品牌宣传。

今天，客户拥有权力，而不是卖家。

客户的体验是客户对店铺的业务或品牌的整体感知，从浏览网店或实体店购买，到与商家沟通交谈，再到接收从商家那里购买的产品和服务，经营者所做的任何事情都会影响客户的想法以及他们是否会继续购买，因此，出色的客户体验是店铺成功的关键。

一、如何衡量多元体验

1. 分析客户满意度的调查结果

定期对客户进行满意度调查，并在客户整个购物过程中仔细观察，深入了解客户对品牌、商品以及店铺服务的体验感受。

衡量客户体验感的一个好办法是净推荐值，这可以表示您的客户根据他们在您店铺的体验,向他们的好友、亲人和同事推广的可能性。

在测量净推荐值时,请考虑跨团队的综合数据。由于不同的团队会影响整体客户体验,因此需要清楚地了解各项细分领域的客户体验。例如,产品内使用的净推荐值是什么?跨通信渠道(电话、电子邮件、聊天等)的客户服务团队的净推荐值是什么?什么是销售净推荐值?参加营销网络研讨会的净推荐值是什么?

从客户购买过程的多个接触点来分析净推荐值,可以分析出需要改进的地方,同时也能显示在哪里提供了出色的客户体验。

2. 确定客户流失的比率和缘由

客户的流失时有发生,这是开展业务的一部分,但首先,当客户流失发生时,要从中吸取教训,以防再次发生。经营者要确保定期对流失问题进行调查分析,以便确定客户流失率是上升还是下降,流失的原因以及团队将来可能采取的措施。

3. 客户反馈

为所有客户创建一个论坛,以得到新产品或功能的使用反馈,使产品、服务对客户想要解决的问题更有帮助。

无论论坛是通过短信调查、社交媒体还是社区页面共享,都可以让客户有机会主动反馈建议,但这并不意味着经营者必须依据所有建议进行改进,如果有建议反复出现,那么这个问题值得细细研究。

二、客户体验管理,让客户更满意

客户的体验管理包含了调查信息、分析数据和增强客户与企业的互动,它时刻监控企业与客户的接触点,并评估如何改进与接触点相关的客户体验;它是客户至上战略的组成部分,因为它呈现了对客户需求的投资。通过监控与增强客户消费过程中的不同接触点，店铺将始终如一地为消费者带来更多价值。

客户的体验管理对新客户与现有客户来说都很重要。新客户期望快速得到答案，从而确保他们快速购买，但是，如果经营者随着时间推移没有提升任何附加价值，那么客户可能不再关注并去其他店铺寻找好处。客户体验管理为这些客户负责，并给予相关的服务防止潜在客户流失。

要获得出色的客户，就要和客户搭建积极的联系，征求反馈并开始行动，创作出优质的内容，并创建社区。创造卓越客户体验的最重要部分是了解整个过程，这将帮助商家了解其与客户之间的每个接触点，从那里，商家可以专注于如何使每个接触点都成为客户的积极体验。与消费者的联系越多，就越容易创造出色的客户体验。

通常当人们谈论客户体验时，指的是客户旅程中传统的销售和营销接触点，例如，在有吸引力的商店中，细心的商店店员以及简单而漂亮的应用程序和网站。过去如果执行得当，客户体验投资已经产生了良好的结果：客户保留和获取，增加销售和忠诚度。但随着时代的变化，人们与品牌互动的方式发生了变化，客户体验也在不断发展。数字化就已经影响了所有人的生活、购物、工作和娱乐方式，我们今天看到的许多消费者行为变化可能会一直存在，所有这些都会影响客户体验。

三、品牌示范，查漏补缺

现在，我们正处于体验复兴的边缘。客户体验不会消失，但其价值主张正在停滞不前，因为客户体验的许多基本要素现在已经司空见惯，不再足以实现差异化和增长，这种复兴正在激励公司超越客户体验理念，并通过经验的视角重新构想整个业务。每个组织都必须为其客户提供卓越的体验。

在这方面,许多知名品牌就为实体商家做出了出色的示范,他们把客户体验做到了极致。以下是一些由行业巨头实施的最佳客户体验策略,了解知名品牌如何确保受众的忠诚度有助于实体商家更好的发展。

1. 迪士尼无缝魔术带系统,提供全渠道客户体验

客户在购买迪士尼世界门票后会收到电子腕带,也就是魔术手环,这从客户旅程的开始就增加了一个有趣的惊喜。腕带可无缝充当数字存储空间、酒店房间钥匙、支付方式等,在迪士尼乐园提供便利和最重要的"VIP"感觉。迪士尼从客户购买的那一刻开始就为客户提供创新和独特的客户体验,使客户在整个旅程中感受到真正的价值和个性化,来建立品牌忠诚度并培养回头客。

2. 亚马逊的送货站无处不在

自成立以来,亚马逊的业务一直建立在了解客户想要什么的基础上:快速交付和最少的工作量。亚马逊正在美国郊区开设一千多个包裹递送站,这进一步缩小了其履行中心和运输点之间的距离。亚马逊知道,当日甚至两小时交货是其独特的卖点,并且不怕投入时间和金钱,即使目前取得了巨大的成功,它也在不断努力提高其运输标准。

3. 麦当劳强调各个层面的沉浸感和个性化

麦当劳在几年前开始受到某些新闻的影响时,就开始从上到下彻底改革并优先考虑其客户的服务体验,例如推出"My McDonald's"忠诚度平台来奖励他们的常客。麦当劳首席执行官表示,该公司的目标是最大限度减少所有服务渠道的摩擦,强调各个层面的沉浸感和个性化。麦当劳计划在其推出的全球移动应用程序的帮助下,在店内餐饮、外卖和送货服务之间创建无缝的客户过渡。

4. Zara 的移动应用程序使其业务在困难时期保持流动

时尚巨头 Zara 通过"商店模式"改变零售格局来树立客户体验的榜样,"商店模式"是将橱窗购物与数字购物相结合的移动应用程序,该应用程序仅显示客户在本地 Zara 商店中可用的产品,使客户在家就可以轻松查看他们可用的商品。GPS 和 QR 技术的结合可帮助客户在商店中快速找到商品并支付,从而提供令人愉悦的全渠道体验。这简化了购买过程,并使满意的客户更有可能向他们的朋友推广 Zara 的易用性。

5. 沃尔沃的人工智能、安全和个性化团队

沃尔沃深知,对于汽车行业的客户体验而言,安全是首要的。沃尔沃的工程师们创建了一个新的操作系统,将他们的汽车连接起来,互相警告不断变化的路况和事故,这是提高客户对沃尔沃品牌信心的平稳方式,同时又不影响美学或驾驶性能。

6. 星巴克在环保个性化方面蓬勃发展

星巴克知道其客户对环境的意识,他们渴望既高质量又可持续的产品。为了满足他们的期望,星巴克推出燕麦奶选择,以补充现有的非乳制品菜单。该公司专注于将客户放在首位,并成为其社区的聚集地。

7. 苹果变成一个城市广场

新兴的商店布局是苹果努力的一部分,它不仅要向人们推销东西,还要成为一个中央社区中心,为孩子们提供舒适的座位、餐馆和游乐区,促进面对面的互动。苹果对社区建设的关注还体现在为年轻人提供现场编程和教育课程。该公司致力于将自己转变为 Apple 客户的"体验",以至其员工不再将他们的商店称为商店,它们正在成为一种城市广场,是社区中充满活力的一部分。

8. 魔术城堡酒店的冰棍热线

在阳光明媚的日子里，魔术城堡酒店的顾客在泳池边消磨时光时，他们会注意到一个有趣的惊喜：一部红色的电话，上面有直接拨打酒店"即时冰棍"服务的热线，只需拨打号码，员工就会立即将冰棍送到顾客的手中。

电话是鲜红色的，可以吸引顾客的注意力，让顾客好奇谁在另一端。可以看出，在这个特定的客户体验示例中，商家知道人们想要什么（在炎热的天气里享受冷食），以此取悦孩子和成人，并为客户提供独特而有趣的体验，让他们在其社交媒体上发布。

9. UGG 旨在帮助其客户舒适地待在家里

大流行有可能使零售业的核心和灵魂店内购物受到冲击，但 UGG 的成衣系列是专门为满足其居家客户的需求而精心设计的，客户即使在物理上与 UGG 分开也能保持与品牌的联系。成衣系列将 UGG 的购物体验重新聚焦于居家必需品，如柔软的长袍、凉鞋和其他时尚的入门服装，以帮助在家的顾客保持温暖舒适。这是一个深思熟虑的客户体验示例，无论客户身在何处，UGG 都会优先考虑为客户创造价值，即使他们从未离开过家。

10. 丽思卡尔顿赋予员工一万元的客户服务自由裁量权

丽思卡尔顿为其员工提供了一个异常慷慨的一万元的可自由支配支出账户，以帮助员工快速处理客户体验障碍。它使员工能够主动解决问题，以确保每位客人都能获得个性化的服务；它增强了客户在丽思卡尔顿酒店度过时光的无缝性和沉浸感。工作人员可以当场解决顾客的所有投诉。

有许多方法可以加速特定业务中积极的客户体验互动，这样做的确切方法将因情况而异,然而,这只是让客户满意的一部分,无论业务当前情况如何,总有办法可以完成得更好,并不断增加为客户提供的价值。

我们在从上述客户体验示例中汲取灵感的同时,也要注意所有努力中的一个共同主题:适应性,每个商家评估当前环境,利用手头的工具和资源做出决策的能力是关键。

随着越来越多的客户需要全渠道购物体验,现在只需分析数据并找到可以改善甚至彻底改变客户体验的具体行动即可。所以,实体店铺的经营者是时候开始了,利用接下来的时间为顾客提供无缝、简化和高效的全渠道购物体验。

第五章 05

店铺管理：让店铺运营精益求精

很多实体店的经营管理方式、商品服务类型与超级市场差别不大,这表明实体店在经营过程中忽视了自身的属性。零售门店正面临着客户流失的问题,传统的产品思维已无法解决实体店目前所面临的困境,店家更不能盲目调整实体店的管理结构。尽管实体店具有广阔的发展前景,但如果实体店组织、经营与管理不善,缺乏长远的发展战略规划,就无法把握实体店的经营方法。实体店应该在满足消费者特定的消费需求的情况下,开拓更广阔的生存发展空间。

01　实体店的大数据变革

物联网时代的到来,推动商业向新的数字化阶段发展。"新零售""新消费"的崛起将原本被互联网引流到线上的消费流量重新导回线下。新零售行业的数据采集与存储技术不断进步,形成了零售业大数据,通过挖掘分析实体店企业的大数据,为零售业带来巨大的商业价值和服务的创新,使得实体店在经营时能够更深入地了解消费者,实现精准营销。新零售还可以改变实体店的经营模式,实现货物商品的精细化管理等。实体店经营者要清楚大数据为店铺管理带来了哪些变革的需求,精准利用大数据,提高店铺管理运营效率。

一项统计显示,76%的实体店经营者认为:分析每日、每周和每月等各维度的转化率指标对实体店来说是非常重要的;48%的实体店经营者在进店入口处放置了客流统计仪;54%的实体店经营者通过衡量客单价水平来管控门店的产品结构;41%的实体店经营者通过衡量客单数和连带率,来设计门店的主题促销活动;33%的实体店经营者根据回头率和会员贡献制定会员促销方案。由此可见,在实体店的经营管理中,数据统计与分析起到了不可或缺的作用。

一、利用数字思维掌握数据

门店数字化是传统实体店必走的转型之路，线上线下融通，帮助消费者打造高效优质的购物体验，才能让传统零售企业从困局中脱身，实现新零售升级。门店经营者要认真分析经营数据，通过对门店的信息化管理，做好销售数据的统计工作，分析用户画像，并要结合顾客喜好，精准把握其消费需求，主动营销，客户消费积极性得到提升，销售业绩也随之增长。

做好智能零售数据可视化分析，根据分析结果实现精细化管理，比如按市场需求强度调整商品结构；结合消费者喜好搭配销售套餐，以带动其他商品的销售等。

若一个药店 6 月份销售额为 30 万元，顾客成交次数为 5 000 次，那么此门店的客单价为 60 元。客单价可以反映销售人员的能力以及该药店所在区域的消费能力，特别是药店在搞促销活动的时候，我们可以根据客单价制定符合该区域消费者承受力的促销活动。

顾客和市场需求复杂多变，比起利用以往的经验来做经营决策，实时的数据分析更能突显其及时的优势，更能适应快速的变化，从而使经营者对经营做出科学的调整。

正确使用大数据要先从数据收集开始。

一方面，要进行门店的内部数据收集，通过微信、支付宝、POS 机以及其他智慧收付系统，对顾客消费数据进行收集归纳，商品销售数量、客单价、用户偏好等交易数据可以着重收集。同时，门店与客户之间交互的信息也可以作为数据收集的一部分。

另一方面，要进行门店外部的数据收集。除对店内的顾客进行数据收集以外，要积极主动走出去，根据实际经营情况开展用户调查、市场调研、三方评估等，也可以从互联网上搜集相关数据情况，了解市场最新动态和走向，作为店内数据的重要补充。根据各类数据的综合分析，对仓储、商品品类、推广方向等经营方式做出适当调整。

科技的发展促使实体店的经营手段不断提升，传统的经营方式已不能满足实体店的实际经营需要，所以，店家应着手实现门店数字可视化，对实体店数据进行对比分析，使得店家管理店铺的效率得到提升，且能通过数据分析结论解决实际经营难题，升级完善经营管理方式。

二、摸索规律

利用数字化思维掌握门店经营的数据，对这些数据进行分析，从众多看似错综复杂的经营数据资料中挖掘提炼潜在的有利信息，以归纳分析出门店经营的客观规律。经营者掌握了门店经营的规律，就能够提高店铺决策的正确性和决策效率。

好的经营者都懂得巧妙利用数据来得到他们想要的结果，那些能够一直盈利的店铺背后也一定是对这些数据进行了精准的分析。例如营业额、销售毛利、客单价，以及各种不同品类商品的销售状况，还有会员的数量和价值等，都可以通过数据系统进行统计分析。

如今消费市场变化趋势加快，商品销售时段各有不同，只有及时通过数据的变化，掌握其中规律，才能了解消费者的心理，抓住商机，从而正确、迅速地作出市场决策。那些难以发现的机会和经营问题，都能通过数据的直观展现反映出来，且经营者的思维盲点也更容易被挖掘。

例如，客流数据分析的运用，调查显示，75%的顾客认为，在实体店的购买过程中与售货员进行互动是很重要的，也是必要的。而另一项调查表明，店员交互的积极体验可以提高33%的顾客满意度。类似的实验统计数据表明，良好的"顾客与店员比"对于建立高水平的顾客体验至关重要。因此，对于门店来说，正确的员工配置，是时刻保证品牌优势的基础。"进店人数"代表零售商的机会，"出店人数"用来评估绩效水平。在确定实体店的配置需求时，确保顾客进店时有店员进行服务，了解进店顾客数量具有十分重要的意义。利用这些重要信息，管理人员可以确保店内合理的店员数量，以便更好地为购物者提供帮助。而且，管理人员还可以按照最佳时间做出周密工作安排，例如：补货、轮休、培训、服务等。通过对客流数据的分析来规划店员的配置，实体店家就能够找到店员与顾客之间的最佳配比，即顾客与店员比。所以店家应合理安排实体店的员工数量，确保顾客体验到门店最优质的产品服务，这对门店来说十分重要。

除了根据市场的变化，提出最适合商户发展的意见和计划，分析各种数据也能对运营中可能存在的问题提出预警，做到防患于未然，这就像是一种监督，可以促进实体店的良性发展。

事实上，与其说是在谈论阐述数据，不如说在谈论数据背后所要传达的信息，那些会对实体行为产生影响的信息，通过数据分析所得出的结论将会作用于实体店经营的方方面面。可以说，只要合理运用实体店经营中的各项统计数据，你离成功经营就能更近一步。

三、做好成本管理

经营实体店，打破实体店的经营管理困境，归根结底还是为了盈利。盈利离不开成本和利润，而利润与成本直接关联，因此，控制成本是盈利的关键。

以便利店门店经营为例，其经营成本高，可利用数字化工具降低成本提升效率。

人工成本、房租水电费用、废弃产品是组成便利店成本支出的三个主要部分。

在人工成本方面，店家能够利用数字化在可控的范围内科学用工，降低用人成本；在房租水电方面，从数字化管理的角度出发，大数据分析可以为门店选址赋能，帮助店家在比较合适的价格区间内找出性价比最高的门店地址；在废弃产品方面，数字化的工具可连接店铺产品的前后端，详细记录产品的进销信息，利于店家对商品库存高效管理，改变传统的产品库存进销统计方法。

房租水电是便利店的固定支出，数字化可赋能程度比较低，且其选址一般位于城市的热门地带，人口较为密集，房租的压力较大并面临持续上涨的压力。网络资料表明，近年来便利店的人工成本持续上升，运营成本的提升也压缩了便利店的盈利空间，实体店亟待在可控的范围内利用技术赋能，降低人工成本。

便利店门店的盘点工作量很大，由于传统的盘点方式，工作人员较为辛苦，工作效率不高，所以店家应使用数字化的管理工具，前台对接收银交易系统，后台对接库存管理系统，详细记录产品信息，利于店家对商品库存高效管理。

如便利店品牌，便利蜂，其依靠对门店的数字化管理，在人力、房租、供应链三部分降低管理成本，有效提升管理效率。在门店管理方面，便利蜂对便利店进行数字化的数据采集，通过算法分析提出运营指导；再通过数据赋能选址，进行店铺设计。在商品的供应链管理方面，其以新鲜食品和本店品牌为门店的主要盈利来源，提升了供应链的经营管理能力。在人力管理方面，其对门店运营的各环节进行相应的数据采集，利用算法分析做出运营指导，减少决策成本，提升决策的效率。每家门店的店员维持在两到三人，并且利用算法数据，将店长的培养周期从两年缩短至半年。

店家要采集、分析并应用数据，这样可以有效提高门店的营业额，减少付出成本。数据可以给实体店带来巨大的改变，可以为经营者带来更多收益。经营者应该重视数据的重要性，因为如果没有数据，门店管理将无从谈起。

四、提升沟通效率

互联网使众多店铺平台获得了更多触客机会，门店经营者可以从平台上获取消费者的数据描述，对这些数据进行分析可以做到知己知彼，从而可以优化管理，使每一笔交易都可以为门店提供更多了解消费者的机会，了解消费者的精准需求，从而提升沟通效率。

对顾客评价的内容进行分析，不仅可以掌握顾客对产品的真实感受，还可以通过分析评价内容挖掘客户的精准需求，做到有的放矢，生产更符合市场发展趋势的商品，提供让消费者更满意的服务，提升门店管理效率。

顾客评价数据化，也是提升沟通效率的重中之重。

以餐饮业为例，如果其门店想提升顾客满意度，管理层就要倾听顾客真实的用餐体验反馈。通过第三方平台获取的顾客评价，有时并不能代表消费者的真实体验，所以餐饮业应为顾客提供除第三方流量平台之外的自有评价入口，向顾客收集他们对菜品、服务和环境等环节的体验反馈。收集线上线下全渠道的用户评价，了解顾客对产品的偏好、对店铺服务质量的评价，将这些数据直接作为店铺经营管理的依据。

实体店如果能利用好数据，例如客流统计数据、商品消费数据、顾客复购数据、顾客偏好数据等，一样可以通过数据分析洞察顾客需求，来提升运营效率甚至实现精准营销。毕竟，在数据时代，线下实体店不仅与其他实体较量，与电商较量，更重要的是也与需求较量。

数据化管理变革会带来沟通方式的变化,实体店员工必须学会各种数据分析的方法,将自己的工作进行细致分析,为消费者提供完备的数据分析报告,用数据来说话。

1. 通过数据了解客户群

实体店最重要的就是流量,谁最先了解顾客的消费行为习惯,也就最先找到了自己的精准流量。顾客数据其中就包括对新客户、经常来光顾甚至是流失了需挽回客户的定位,这些客户都消费了哪些商品,他们的消费周期以及消费商品路径是什么,除此之外,甚至还要去了解顾客在消费之外的数据,如他们喜欢使用的社交工具,或者最钟爱获取资讯的渠道。

这些数据有助于商家挖掘客户的潜在消费需求,并为这些目标消费者量身定做一套营销推广战略,实现精准营销,提升商品销量。

2. 通过数据了解客户消费时段

电商的便捷性之一就是随时随地可以进行交易,但实体店不行,实体店受营业时间、地理位置等影响,消费者进店时间各异,店家可以通过这些时间数据,掌握门店客人进店数量以及过客数量,把握来店客流量的时间变化,并以此合理安排人员和商品服务,最大化利用非高峰期的销售时间。

3. 通过数据了解触客方法

实体店一旦和顾客建立联系,需要关注与顾客交流互动产生的数据,以此分析与不同顾客最有效的沟通手段,比如,经常买打折商品的顾客推荐方案、经常尝鲜的顾客推荐方案,灵活使用各种推荐方案,让顾客接受定向宣传新品、活动并刺激其产生消费行为。

4. 通过数据分析商品优化路径

门店经营者能够通过数据采集获取商品信息，对商品进行分类：销售增长率高，顾客消费多的商品；销售增长率高，但销量还不高的商品；销售增长率低，但销量很高的商品；销售增长率低，销量不高的商品。通过这些数据，将商品精准定位，哪些是需要推荐的商品、需要清仓替换的商品、用来引流的商品、用来盈利的商品等，自然清晰可见。

大数据的出现，将销售市场进行了更深一步细分，经过数据归类分析，越来越多符合消费者需求的产品进入了大家的视野，不同类别和功能的产品销售到了不同需求的消费者手中，为商家带来了利润，也让消费者感到满意。这也给还未接触大数据分析的实体店家提了个醒，要想让店铺经营更智慧，就要紧跟时代的步伐，利用先进的技术和工具，为实体店铺的发展保驾护航。经过实践证明，把传统依靠经验经营，变为依靠数据经营，可以弥补传统实体店铺的不足，实现用户精准识别、店铺智慧升级、利润明显提升。

02　八招管好现金流

现金流是一个实体店最核心的问题，如果没有充足的现金流，就无法承担经营与人力成本。现金流是企业的血脉。

以某实体店品牌为例，公开资料显示，该品牌以商品零售为主，涵盖超市、百货等零售业态，为广大顾客提供商品零售的服务。

近两年受到影响，品牌的线下实体店受损严重，百货、家电门店相继停业，即使门店无营业额，但其还需要计提折旧摊销、支付人力成本等固定开支，还包括一些费用成本的增长，如超市业态下的配送成本、防护物资和门店防护等刚性支出，再加上供应商租赁等相关费用减免，最终导致净利润下降。

由此看来，只有实体店的现金流量有充分的保障，企业运营环节才可以顺利运行。实体店家应把握最佳的赢利机会，要减少现金不足的困扰，可以采用开源节流的思路，八招管好现金流。

一、使用提前付款折扣

提前付款折扣是指在营销的实际业务中，实体店可以采用鼓励顾客提前付费甚至预付款,以及现金折扣等方式,来加快实体店的资金周转速度。采用现金折扣这种方式的好处是,不论对实体店还是供应商而言,都算是一种双赢的方式,既为客户节约了消费成本,也可以扭转实体店缺少资金周转的现状。因此,于流通领域来讲,现金折扣是一种很常见的经营策略。

商家可以设计一套鼓励客户提早付款或提升预付比例的方案,也就是享受一定折扣,不过也要注意,折扣的幅度过小难以激发客户积极性,幅度过大又有损自身的利润,因此,也需要找到一个平衡点。

需要说明的是,这项策略可以用在现金紧张的非常时期,如果预计实体店下月将会出现现金紧张的情况或正处于紧张期,那么,不妨采取这样的手段渡过难关。

二、期末结清账款

虽然营销不景气,生意不好做,但并不意味必须要与拖欠货款的人或公司进行商业合作。很多生意新手,为了留住客户,或碍于情面,或心理预期过高,或由于其他一些原因,面对赊账的请求不敢决绝,最后导致客户赊账未付款的情况过多。

其实,在赊账开始的时候就已经为日后得罪和失去客户埋下了伏笔。很多合作关系刚开始彼此都很客气,理解支持和信任,但是赊账后就变成了催账、拖账、躲账、翻脸和对骂,甚至闹成官司。

福建有家餐饮店的老板曾投诉过一项目的工程人员,其曾于2021年7月份在此店购买订餐服务,但这位工程人员到八月份却不结账,由于两方纠纷曾通过派出所解决,并签署了保证书,所以店家未曾强制要求工程人员按时清账。这份保证书里,其工程人员承诺将于11月15日前结清账款,但是到十二月底,这部分欠款仍未被结清。

做生意一定不要给期末未付款的客户继续欠账的机会,不然,你就会把自己拖入一个死循环:赊销越多,讨账的对象越多,得罪的人越多,生意就越难做!

三、设定相对严格的付款条件

商家可以将客户的付款条件订立得更严格一些,让更多的客户必须支付现金才能交易,这样店铺的现金会增加,呆坏账也会减少,但随之出现的另一个问题是,比较宽松的付款条件相对会带来更多的生意,严格的付款条件会导致业务下降。有时候较为严格的付款条件虽然流失了部分客户,但呆账坏账的减少足以弥补这些损失,因此,需要找到一个平衡点。

四、催收应收账款

应收账款的重要性在实体店的生产经营过程中有所展现,它是一种信用和促销的手段。应收账款可以提高实体店的竞争力,可以反映实体店的经营状况,还能增加门店的销售量和销售利润,但是实体店的欠款是许多企业被拖垮的重要原因之一。有效管理门店的应收账款,可以加快门店的资金周转,提高资金利用率,还能提升实体店的净收益,有效防控门店的经营风险,使其财富效用达到最大化。回收应收的款项可以加快实体店资金的周转速度,减少一些呆坏账带来的资金损失,使得店铺经营能够良性发展。

商家可以建立严格高效的回收账款政策,使用适合的清欠方法。

事实上,很多实体店资金短缺,经营陷入困境,个别消费者却无视诚信，反倒认为："有债不愁，欠债有理"，即消费者存心赖账的情况。应收账款政策是当客户违反信用条件时，拖欠甚至拒收付款时企业所采取的收款策略与措施。

在实际遇到此类问题时，商家可以采用具体问题具体分析的策略。对于合作时间较长、信誉一直比较好的客户，确实有特殊原因导致欠账情况发生时，可以多与对方进行沟通，了解实际情况和困难，约定付款时间，这样不至于导致长期合作关系破裂，也能切实解决欠账问题。如遇到沟通不能解决的难题时，可以通过报警、法院起诉等手段。

由此可见，实体店面对客户拖欠的应收账款，催收方式的运用都各有所长，也各有所短，因此，实体店在制定收款政策时，需把握好催款的宽严界限，要张弛有度，要有弹性。如果收款政策过于宽松，将导致超过期末付款界限的客户拖延更多的时间，这对实体店无益；如果收款政策过于严格，再加上催收款项过急，又会影响无意拖欠款项的客户，因此影响实体店长远的销售利润。

一般来说，制定收账政策要在增加收账费用与坏账损失、减少应收账款机会成本之间进行权衡，若前者小于后者，则说明制定的应收账款政策是可取的。

店家应重视在催收应收账款时门店所面临的风险，合理防范，有效控制治理，还要增强对顾客的信用治理，明晰相关部门、人员的责任，更应该对门店负责财务的部门加强监督，保证催收制度能够有效实行，以此降低店铺的应收账款风险。店家应尽快处理客户延迟付款的情况，拖的时间越长，越有可能变成坏账。收款是生意的重中之重，需要健全账目，随时追踪客户的付款时间，一旦延期，立刻采取行动。

五、收取延迟付款罚金

在合同上写清楚,到期不付款,客户需要支付一定比例的违约金,例如,每逾期一天,客户需支付总货款的1%,具体比例双方约定,这个约定对客户有强大的威慑力,法律的强制性使得对方必须自动履行赔偿违约金的义务。如果客户拒绝签订有此条款的合同,那么,至少意味着对方对到期付款缺乏信心,门店就可以及时终止与其合作,规避无法收取货款的风险。

六、短期借贷

短期贷款对实体店的作用有许多种,一般而言,贷款方为金融公司或者银行,这种方法手续简单,风险也不高,贷款资金也较少,周期较短,贷款风险也较小。向金融机构或个人借贷是解决短期现金流缺乏的直接手段,但要注意,这些借贷也属于未来的应付账款,也需要提早做好资金准备,以免到期无法支付。另外要强调的是,千万不要心存侥幸,沾染高利贷。

七、控制库存

库存是指在仓库中的存留货物,经营水果、蔬菜类的店铺有保质期的要求,必须在固定时间内完成销售,否则就会出现损失,同样,快消品也有一定的保质期。供应商总喜欢用高额的折扣返点或其他优惠来引诱商家一次性大量进货,如果一次性进10万元,某品牌的化妆品折扣为三折还赠送新马泰旅游,正常为五折,那么,从盈利的角度来看,你不仅享受了低折扣,还能免费旅游,真是一举两得;但是你手头的现金会因库存的增加而减少,如果一味贪图低折扣,可能积压大量货物,而使店铺现金紧张。要杜绝此种恶果,需要客观理性地预估销售,不该贪的便宜要选择忽视。

第一,保证货够卖,争取无滞销。根据门店经营项目的不同,库存的管理方式也不一样,首先要保证货够卖,不能客人上门没有商品,如果出现货源不足的情况,顾客也不会上门了。其次是争取没有滞销商品。很多应季商品就是如此,一旦滞销就会占用仓库空间,占用资金,所以库存管理中一定要清楚产品的周转天数。比如水果、蔬菜的周转天数有多少,如果快到保质期,就要想办法快点销售出去,即使降价、和其他商品捆绑销售,也要将产品快速售出。保证货够卖,是提高销售量;而争取无滞销,是降低库存压力。

第二,数据化精细管理。所有的库存管理,其实就是数据管理。实体店商家一定要对商品的进出库做好记录,周转天数也要有相应的记录,每一款产品,周转天数不同,要看行业平均值,也要多关注外界环境变化。面对精细数据要及时调节订货周期防止缺货,好卖的商品缩短订货周期,不好卖的商品加长订货周期。

第三,选择靠谱的供应商库存管理。选择供应商很重要,供应商能力强,即使议价空间低,但是可以确保随时调货都不会有意外情况发生。当然在供应商的选择环节,还需要做好备选计划,与多家供应商合作,有能力强的供应商,也有发展中的供应商。在选择供应商时,品质是第一要素,其次才是价格。和供应商签订协议,确保货物及时配送,当遇到不好销售的产品时,还要有调货可能性。

第四,舍得,有舍才有得。无论开什么样的实体店,在库存管理上,都要有"舍"的心理,因为有舍,才会有得。比如服装店当季快过去时,清理库存时也要舍得,很多时候进价60元的衣服,清货时40元、50元可能也就卖了。清理库存,要敢舍,这样做不仅能回笼资金,还能去库存。及时记录数据,精准核算成本以及库存,确保货够卖,争取无滞销,当断则断,舍小利有时候会得到更多。库存管理考验的不仅是数据分析能力,还有人性,备货时切忌贪多,相信数据,当舍则舍。

八、削减开支

现金流就是企业的血液,任何企业都要优先保障现金流。门店要储备好未来三个月到四个月所用的资金,日常管理中在开源的同时也要节流。

2020年,全球油价连续两周下跌,创造了前所未有的纪录。全球石油公司见状,果断出售其全球性资产,削减大量的资本开支,并且将股票的回购计划推迟,其采取的一系列行动,就是为了加强公司的财务实力和业务弹性,以使公司在油价下降的周期内,能够为公司未来的复苏做准备,简言之,这些措施的目的就是保持现金流。

削减开支要减少购买价格高昂的设备,即使使用率高,也不宜购买,可以选择租用,等店铺规模扩大再考虑添置;除设备外也要严格控制人员数量,必须触及但触及较少的专业性质工作,起步之初,不如将相关工作外包。总之,在开源的同时,要注意节流。

1. 降低人工成本

无论一家实体店铺的经营规模有多大,归整货品、结账收银的员工显然不可缺少,再加上如今人力资源昂贵,因此人工成本总是占据较大支出比例。由于行业竞争日渐激烈以及劳动法规的不断完善,员工的工资、福利待遇不提升,员工的跳槽概率就会增大。降低人工成本,只能"精兵简政",即在不影响实体店运营的前提下,减少门店的用工人数,提升平均工资水平。

(1)重新梳理店面岗位设置:调配员工的编制,提升单个职员的工资水平。主管人员必须兼管一个大型超市一部分商品管理的工作,扩大基层员工的服务半径,这样能提高员工的工作效率,从而减少基层员工配置。

(2)对员工每天的工作情况实现量化考核,在提升其工作量的同时也要也提升员工的个人所得。推行以收银系统自动补货为主、人工修正为辅的店面补充货物制度,选用先进的会员管理软件,代替传统的会员管理和营销方法,减少人力资源的支出。纳客收银系统的"会员+"小程序功能多样,营销精准,是值得考虑的会员管理软件,能够大大提高门店管理效率。

2. 节省水电成本

想要节省店铺的水电费成本,即节约、减少能源成本,可以采取以下几项措施。

(1)以一家中小型店面为例,把传统的日光灯更换为新式的节能灯,花费约2.5万元就可以改造成功。对比改造前后的费用可以得出:基本上通过3~4个月的运行就可以冲抵改造店铺多花费的成本。

(2)将店铺内外的照明灯具细节化分类,增加照明开关,制定详细的启闭时间,在保证店面的照明按时启用的同时,不应启用的照明绝不启用,从而在开关灯具的管理上节约成本费用。

3. 缩减采购进货成本

现在市场非常透明,关于采购进货,商家可以选择多平台多供应商进行对比,在货品质量相差不大的情况下,可以选择价格实惠的,这样有助于减少门店运营成本。

03　简化流通环节，重整供应链

随着社会主义市场经济的发展，商品流通逐渐渗透于社会经济生活的方方面面。实体店是商品流通的重要载体，许多实体店为了适应消费需求的新变化，增强了商品、服务、业态等供给结构对需求变化的适应性和灵活性，从而得到较好的提升。合理的商品流通环节对实体店来说是构造合理商品流通过程的重点。

商品从生产部门生产出来后，需要经过一系列的流通过程，然后进入消费领域。商品流通过程时间的长短影响着生产和消费环节，流通过程时间的长短，在很大程度上又取决于流通环节的多少。一般而言，流通环节越少，商品流转时间就越短，就更有利于实体店的发展和商品生产活动。反之，商品流转时间就越长，就越不利于满足实体店发展和消费的需求。

比如，生姜是一种常见的食物，从它成为商品那一刻算起，直到它到达末端消费者手上，成为实质意义上的消费品，其价格会有数次变化。从生产者手上出售的生姜可能是一斤0.2元的批发价，用0.2元一斤购买生姜的批发商，他坐地收购，再批发出去。生姜到了第二个批发商手上，就可能卖到 0.6 元一斤的批发价，到达彼地，找到第二个批发商把这些生姜大批地销售出去，其生姜就可能卖到 1 元一斤的批发价。第三个批发商在彼地坐地经营批发这些生姜，就可能把这些生姜卖到 1.6 元一斤的批发价。这些生姜以 1.6 元一斤的批发价到一些较小的买卖人手上，这些人却还不是与最终消费者直接交易的零售商，他们再把自己所购的生姜批发出售给进行终极销售的零售商，这时这些生姜就很可能卖到每市斤 2 元。由于这些零售商处在不同的地段销售同一种商品，各销售具体地点供需关系不同，购物者所知道的该商品的信息不对称，有些零售商可能把这些生姜卖到每市斤 2.5 元，而有些零售商就可能把这些生姜卖到每市斤 5 元。

通过事例分析可以看出，在商品流通过程中，商品的流通环节太多，会导致商品流通时间被延长，流通费用也会增长，从而加重了消费者的负担。商品流通环节太少，对开展商品大流通不利。所以，实体店为了使商品的流通环节更合理，应快速将商品从生产领域转到消费领域，尽力减少不必要或者不合理的流通环节，从而形成资源的最佳配置。

工业化时代拘泥于不透明的信息技术，催生了一个又一个中间流通环节。随着移动互联网时代的到来，"去传统中介化"成为实体店的首要课题，对实体店来说，这种对流通环节的简化，无疑可以节约成本，增加收益。

当前，很多实体店铺开始触网，运用互联网的优势，实体店铺可以大大减少中间商的环节，实现直接与较高级别的经销商甚至是厂家直接对话，这样不仅能够降低经营的成本，还能够有效提升资金流、信息流以及物流的效率。但是，互联网本身并不直接参与贸易，而是企业利用互联网的特性，使得供应链得到较好优化调整，获得了发展的先机。

提升实体店经营管理的效率不是某一个环节的事,而是供应链水平的全面提升。

以当前很多快时尚服装品牌为例,面对外部环境纷繁复杂,很多快时尚服装品牌依然能够屹立不倒,且在全国各大商场快速布局,这在很大程度上就源于品牌对供应链的精准把控,它们在各个环节把成本压缩至最低,从而生产出符合消费者需求,性价比很高的服装。

以较低的价格换取较高的销售量是这些服装品牌惯用的手段,也是不断完善调整供应链的结果。一件衣服到消费者手中,需要经历设计、采购原材料、生产、物流等各个环节,把控供应链需要掌握一定的逻辑。首先,是要优化产业链,紧盯服装设计、终端零售等环节,它们具有较高的附加值,要牢牢掌握在企业自己手中,通过终端庞大的销售网络,实现原材料采购低成本的优势;其次,对于产品生产这些附加值较低的环节,可以考虑采用代加工的思维,对比各个地区的劳动力成本,寻找生产最优解。

成本不断压缩,产品就更加具有竞争力,销量的提升,可以再度作为与原材料供应商和产品生产商议价的底气,也正是这样的循环,让这些企业总能够生产出时尚的产品,且价格相对低廉,这对年轻人来说有着巨大吸引力。

每当有爆款产品出现,在热风、优衣库等服装店里总能找到。各种款式、各种风格一应俱全,这些快时尚服装品牌像是一个大超市,不仅是衣服,还有皮带、鞋子、背包、帽子等,让顾客都能找到适合自己的满意商品。

国美零售也推出重整供应链夯实生态圈的策略。

国美"家·生活"战略延展与升级的核心为:构建以线上平台为主,线上、线下双平台再加上自营或第三方外部供应链的两轴驱动、四轮互动的"社交＋商务＋分享"的国美生态圈，打破边界，从电器、家装、家居、百货向更大范围拓展，满足用户的全方位需求，打造出一个以用户思维、平台思维和科技思维为导向的新国美。

多年来，国美在零售线下渠道及供应链等方面素有优势。目前，国美零售基于线下 2 800 多家门店的优势，于国内的一、二线城市动态优化实体店的布局，采用一大带多小的航母式结构，将门店打造成一个集承载体验中心、流量获取地、数据基站、服务触角于一体的多功能载体。强大的线下门店网络将与线上平台共同打造出国美零售的双平台、全渠道零售愿景。

供应链方面，在打造严选、开放的供应链过程中，国美将重整供应链，严格选品，以此加快产品品类的拓展速度，这能够使国美的自营业务和第三方外部供应链业务形成良性互动与流量共建。

国美不仅向全社会全面开放自营供应链，还形成了"严选＋"的全品类招商模式，使第三方外部供应链业务参与其中，从而形成"平台自有流量＋优质商家流量＋严选商品流量"等渠道的巨大流量集合，加速生态链条的自主转动。

对实体店来说，简化流通环节不只会优化成本，还能使原材料或成品的质量更可控。"互联网＋"其实是与互联网建立联系的实体店，都拥有一张信息牌，以前闭塞的信息渠道会因为互联网而变得开放透明，许多隐晦的不可言明的价格也逐渐透明。在这种情况下，实体店也应当抓住机遇，将商品的流通环节重整，在供应链管理上先发制人，这样不但能够节约成本、丰富产品的维度，同时能使店铺更加具有竞争力。实体店应对产品从始至终的供应链进行优化调整，使原材料供应、产品生产、终端销售、物流以及消费者所组成的完整供应链，实现整体化和系统化，从而达到降低成本、增加利润的目的。

实体店只有简化流通环节，重整供应链，使供货物流顺畅，才可以使商品服务满足社会生产消费与生活消费的充分需求，商品才不会在某一环节或某一多余环节发生积压、沉淀；商品得以顺利销售，实体店的经济发展和经营效益才能日渐提高。

04　利用数字摸准顾客喜好

新零售时代来临,店铺线上线下模式加快融合,实体店更应该加强选品的管理,紧紧跟随市场的需求变化,并且充分运用大数据技术把握消费者的消费偏好,把选品和消费需求结合起来,提高实体店的服务效率。实体店还应运用客户数据,精准拓展客户群体,这样门店可以提供给顾客他们最感兴趣和最需要的产品,用最低的成本得到最高的顾客转化率。

数字能反映现实,也能支撑营销。

以喜茶为例,其历时两年就拥有超过 2 600 万的用户注册,甚至其复购率超过了300%,线上订单超过了80%,这就是由喜茶创造的海量数据。通过大数据的运营方式,喜茶无疑已经成为餐饮行业的先锋,展露自身的强韧灵活性。

喜茶通过线下门店与线上小程序一体运行,以数字化的方式收集用户数据,分析顾客消费的场景和行为,为实体店铺在互联网环境下吸引消费者做出了很好的榜样。线上小程序进行大数据分析比对之后,可以更好了解用户的喜好,从而进一步优化产品种类和价格,为各项决策提供参考。

与喜茶一样,当下许多知名奶茶店品牌,例如COCO、一点点、眷茶等,都通过开发线上程序来解决经营当中的困境,就是如何能够更加了解消费者的偏好。这样的操作也收到了应有的效果,它们在市场上的产品具有很大吸引力,不论是口感、价格还是品牌理念,都十分符合特定消费者的需求,这就是大数据支持营销的魅力。

这些奶茶店通常有着庞大的线下销售网络,在店铺显著位置铺设小程序二维码,通过扫码下单可以享受折扣和优先等权益,以此把线下流量转换为线上数据,推动店铺实现数字化发展,也让店铺的业务得到了快速增长。

但是仅得到数据还不够,还要做到经营用户,这是商业运营体系中的重要环节。他们通过设置会员体系和社区运营模式,为增强用户的使用黏性,打造长期利益奠定了坚实基础。通过小程序收集到的用户数据真实有效,这对于奶茶店运营团队来说,是取之不尽用之不竭的"宝藏",对调整经营策略起到了良好的支撑。

一、搜集数据

数字化时代的实体店经营,利用数据引导营销已成为业内的共识。现如今,网络数据访问起来更容易,数字营销人员利用营销数据分析,能够准确了解用户行为与偏好。

界定顾客需求的首要工作是收集消费者的数据,制定消费者反馈系统。数据的收集是一项需要花费大量时间和资源的事情,顾客的需求是千变万化的,要想明确了解每一位顾客的具体需求是很难的,但是通过直接或间接的方法从顾客那里收集有效数据,对顾客需求趋势的波动也是能够预测的。

想要真正把握消费者的需求，首要的就是建立广泛的用户反馈，简而言之，就是要更加全面深入地倾听用户的意见和建议，只有了解的信息足够多，才能够获得更多数据，让下一步的决策变得更加精准。这里所提到的用户是广义的用户，不仅有产品的使用者，还应当包括产业链、供应链等所有利益相关联上下游产业人员的意见，甚至还应当通过问卷调查等形式，了解潜在消费群体的真实意愿和期望。让信息多跑路，企业才能少走弯路。

门店通过从用户身上获取的数据，可以将用户进行简单归类，例如对当前产品比较满意的用户，不满意的用户，流失的用户，竞争对手的用户，潜在的用户。

门店能够从不同的消费者身上收集一些反馈消费情况的数据与信息，其中涵盖了：当前感到满意的消费者，或是当前感到不满意的消费者（包括那些抱怨与没有抱怨的消费者），流失的消费者，竞争对手的消费者，潜在的消费者等。

此外，还需要收集市场的调查数据、专家意见和第三方机构数据等外部数据，并且要对这些数据进行清洗重构和填补，以此保证数据的质量，最后将其补充至数据库。之后，门店在经营过程中就可以根据门店经营的目标，对数据进行分类，整理原始数据，使之成为目标数据集。

二、细分消费者

收集顾客数据而不对其作任何分析的话，企业收集到的就只是一堆垃圾，因此，在收集完数据之后，必须用客观的、统一的方法对这些数据进行分析，然后对顾客进行细分定性。店铺在设计营销方案时，店家所要面临的最大问题就是产品的受众，也就是要确定目标客户群体。消费市场何其广阔，消费者人群是何其庞大。传统的线下实体店店铺位置较为固定，信息传播范围也非常有限，这些因素会导致门店捕捉目标客户群的成本提高。在如今的互联网时代，线下的实体门店能够通过互联网的传播力量、大数据的分析手段，精准定位到属于本店的目标客户群，并对其进行细化和分类。数据已经不再是大型企业的专利。

店铺如果能不断累积分析消费者数据，细分定位目标客户群，为他们提供差异化服务，做到有的放矢，投资回报率会产生巨大改变。那么，店铺要如何细分定位目标客户群呢？

1. 对所有的门店客户进行初步甄别

要想初步确立目标客户群，就应该密切关注店铺未来的战略目标，它涵盖两个方面的内容，首先要找到店铺品牌需要特别针对的具有共同需求和偏好的顾客群体；其次是要找寻有利于店铺获得高期望值，并且能达到的为店铺带来销售收入与利益的群体。

这就需要进行数据分析，通过对居民的可支配收入水平、地域以及年龄分布、购买相似商品的支出统计等进行数据分析，就能够把所有的消费者进行初步细分，筛选排除那些因经济能力、地域限制或者消费习惯等一系列原因，使其无法成为能为店铺带来销售收入的消费者，保留消费可能性较大的消费群体，并且对消费可能性大的顾客群体进行更深入的一维分解，而分解的标准要既能够依据年龄层次，也能够依据购买力水平，还能够根据消费者有理可循的消费习惯。店铺还应依据消费者的行为、态度、购买动力等各个方面的表现，了解消费者的真正需求，从而通过目标客户群体为企业带来更好的盈利效益。

2. 进一步细化客户群

依据店铺战略目标，对目标客户群体轮廓进行初步甄别，然后店铺还需通过数据采集，对甄别结果中范围较大的目标客户群体进行第二次细分,以此制定针对目标客户群体的最终方案。

对店铺来说,消费者产生购买行为之后便从潜在客户转化成为价值客户。店铺要通过数据来解析客户,即从购买消费的时间、数量、商品、支付金额等行为数据来对客户的价值进行评价,分析消费者特征,细分定位目标消费人群,从而有针对性地根据有不同消费需求的客户群定制营销及推广,实施个性化和差异化的精准服务。

这样不仅可以节省宣传成本,达到事半功倍的效果,还可以使目标客户群从过客转化为门店商品的忠实拥护者、品牌的深刻感知者,他们可以为店铺带来较高且稳定的经营收入。

3. 根据数据反馈进行动态调整客户群

许多店铺推出新单品时,只注重对新产品的定位,却总会忽视在产品上市并且被消费者体验一段时间过后,收集消费者的使用信息反馈并且据此对目标客户群体进行调整。随着时间和市场的变化,顾客对产品的需求和消费习惯也会发生很大的变化,如果店家并没有察觉到这一点,在业绩下滑时只顾加强推广和促销力度,实际上,这些手段大部分是无效,投放渠道也是单一的,这是由于店铺原先拥有的目标客户群体的定位已发生了变化。所以,店铺应该设置高效的用户信息跟踪机制,及时了解产品市场的变化,跟踪有效信息,随之调整门店经营策略,还可以在适当的时间段推出针对客户需求的相关单品。

所以,店铺经营者需要通过数据分析来细分和定位门店的目标客户群,以便精准营销。

三、精准营销

对于消费者的细分有很多种方法,可按消费心理、行为等方式进行细分，进行这些细分以后，店铺能够更准确地去确定自己的目标客户，把握自身的资源，对消费者进行定位，从而做好精准营销活动。

1. 什么是精准营销

在2005年，精准营销的概念产生了，这是由菲利普·科特勒提出的，他认为实体店的经营者一定要制定更精准、可衡量以及高投资回报的营销策略，还需制定和设计更注重结果与行动的营销传播计划，并且重视在直接销售沟通上的投资。

而现在对精准营销的定义如下：

精准营销是依托互联网、大数据和一些信息技术的手段，建立以精准定位为基础的、体现服务个性化的一套消费者沟通服务体系，它有助于达到低成本高转化率、高留存率的营销效果，这也是大数据时代下新型营销理念中的核心观点之一。

精准营销的本质是实体店将营销决策数据化，建立客户细分、关联分析、流失预警、资金流向、客户关系网络等主题的数据分析，然后再对客户偏好进行深挖。不同于传统大众性的营销模式，数字化精准营销，用数字说话。采用大数据精准营销的模式，有利于对客户的未来消费行为提供有前瞻性、预见性的预测。

具体来说，实体店可以依托互联网、大数据、云计算、AI、心理学等新知识新技术，向着更精准、可量化、高回报的方向进化。精准营销，在菲利普·科特勒看来，就是要在合适的时间、合适的地点，将合适的产品以合适的方式提供给合适的人。

当前，人们习惯性使用各类社交软件和App，将喜好、心情、理想等各类信息都通过互联网暴露出来。大家常说，"大数据时代人人都是裸体。"因为当你得到一个人足够多的数据时，就能够对这个人有着准确的认识和了解,即便是一面未见,也如同老朋友一般熟悉。商家也要借助这样的技术,做到个性化服务,以此打开精准营销新世界的大门。

2. 数字转型后的优势

实体店铺要实现精准营销,毫无疑问要进行数字化转型,如此一来,实体店铺将会获得四大优势:

(1)提升消费者的让渡价值。

消费者让渡价值的概念也是菲利普·科特勒于《营销管理》一书中所提出的。消费者让渡价值,即消费者总价值和消费者总成本的差额。消费者总价值指的是消费者在购买某一产品或者服务时所期望获得的利益,其中涵盖了产品价值、服务价值、人员价值、形象价值等。消费者总成本则指的是消费者购买某一商品所耗费的时间、精神、体力与所支付的货币资金等,简而言之,消费者总成本包括货币成本、时间成本、精神成本和体力成本等。

若实体店能够实现精准营销,制定"一对一"的个性化营销策略,在一定程度上有利于客户过滤消费的无效信息,降低顾客购买商品的时间、精神和体力的耗损,并且可以迅速获取更具适用性的产品与服务,并获得较高的用户让渡价值。

(2)提高客户需求的精准度。

实体店制定的精准营销要有很强的策略针对性,便于对目标群体有更加清晰的理解认知,降低店铺在品牌推广渠道上耗费的多余资源,还有利于店铺集中人力、物力、财力,将资源用在最需要用的地方,从而获取高投资和高客户转化率回报。

(3)提高产品和服务水平。

在实体店制定了精准营销的策略后,达成用户需求洞察的工作就会发生新的转变,其精准营销工作更加强调依靠信息化技术的手段,及时跟进和洞察用户的根本需求,才能迅速巧妙地和产品服务进行更进一步结合,从而提升客户的整体服务体验。

(4)节省营销成本,提高营销效率。

在传统营销方式中,实体店的营销链是比较长的,实体店需要建立属于本店的专业营销队伍。精准营销在一定程度上有利于解决店铺营销队伍冗余、营销渠道繁杂、效率低等难题,从而节省整个营销环节的运营费用。

真正地了解用户,才能得到用户。只有产出既符合消费者价值观、审美观,又精准符合消费者需求的产品或服务,才能打动消费者。

05 互联网时代管理也需联网

随着互联网的快速发展,许多经营实体店的商家受到了各种程度的影响,尤其是近些年来,互联网科技的发展带来许多便捷,改变了人们的消费观念,使实体经营状况一度陷入低迷。

人们对生活品质追求的提高也在无形中加大了人们的生活习惯的变化,比如:可以在家中通过手机完成的事务就不出门办理,不想自己做饭还懒得出门就可以拿起手机点外卖等。互联网确实为人们带来了便利,与此同时,也使得线下实体店店主抱怨实体店生意难做。加之近两年受到影响,实体店生意一度困难。

近年来,电子商务取得突破,互联网+新业态、新模式逐渐成为主流,更多实体店选择加入互联网,转型为电子商务,使互联网对实体经济的影响进一步加大。据社会实践的调查结果表明,大多数实体店纷纷加入网络商务的行列,互联网的新零售商业模式,采取传统经济和网络经济相结合的方式进行生产经营。因此,实体店商家同样也需要具备互联网营销思维,线上、线下一体化是未来零售实体店大势所趋的发展方向。因此解决实体店困境的最好办法就是转型,实现线上线下同步运营,实现门店数字化。

一、"互联网+"思维

互联网在改变人们消费习惯的同时也带动了市场经济核心的竞争力,给实体店的经营和小企业带来了较大的冲击。以前流通小商品的市场价格不透明,实体经济有利可图,网络时代的价格和利益流动性很高,价格透明,大大降低了实体经营的利润。

互联网是一个神奇的东西,它可以让信息到达世界的每个角落。在信息化的社会中,实体店经营者更需要充分借助互联网带来的有利条件充实自己的经营理念,并将其与商业模式设计融合,这对实体商家来说是非常有利的。最近几年,纯线上的购物模式面临着各种各样的问题,例如,线上购物存在假冒伪劣商品、客服的售后滞后、无法紧跟客户、时效性差、商品的无形性、买家秀和卖家秀产品效果差距太大等各种问题。

由此可见,互联网在带给实体店压力的同时也带来了新的发展机遇,即新零售模式。

个人和企业以互联网为依托,利用先进的大数据、人工智能等科技技术,再利用一些相关的心理学知识,以此对产品的生产过程、流通手段以及销售过程进一步升级改造,这有利于企业重塑实体店经营业态、结构以及生态圈,还能够使实体店将线上服务、线下体验与现代物流相融合,创造实体店的零售新模式。

在快消品的行业中,加多宝的创造力无疑是很强大的,其做法非常先进和独特,能够接受加多宝战略思想的商家顾客也是如此。然而,只要能把这种先进和这种"疯狂"战略加以创造,使之达到最好,它就能够成为一个企业转型和升级的最好帮手。

在2015年的4月底,加多宝推出了"金罐加多宝2015淘金行动",京东商城等成为此活动的首批合作伙伴。在十天过后的B轮活动微信发布会上,加多宝正式向外公布了其开展的"全球招商"计划,并且加多宝对外宣告将会开放其约十亿金罐的用户流量资源,面向世界所有品牌寻求战略合作。

简而言之,加多宝所打造的生活圈逻辑可以说是"因罐子而生",顾客在口渴时购买加多宝,看到拉环上的二维码,再通过微信扫一扫就进入了其为用户打造的加多宝专属互联网生活圈,之后就能通过客户资源链接其他朋友,增加客户日后消费的便利性,从而改变顾客在消费快消品时所处的孤立状态,为消费者串联起各式各样的生活方式。

加多宝的创新模式,一时间让销量走上了巅峰,也为其他企业做出了很好的示范,走出了一条传统企业互联网转型的逆袭之路。在这之前,几乎没人能够想到,一家卖饮料的传统企业,怎么来依靠自己的产品做出流量平台。大家通常认为互联网转型无非是利用网络来链接用户,很少往产品上打主意。一瓶瓶简单的饮料,只需要一个二维码,就打造出了一个庞大的网络流量平台,企业依托这个网络平台,成功构建起了生态圈。

当前,开展跨界合作的企业也是越来越多,互联网思维不断打破原有企业间的壁垒,让不同品牌、种类、渠道、资源的企业间的合作成为可能。合作的过程也是探索的过程,不断地尝试会慢慢找到适合各方发展的路子,这对传统企业来说就是转型的出路。

在经营下滑、移动互联网冲击的双重背景下,实体店如果还不开展线下体验同城引流,线上抱团取暖实现资源联合,未来将会变得更受迫。实体店铺应该充分发挥线下面对面的连接优势，建立用户关怀数据中心，做好用户回头率与裂变价值的服务。

实体店的转型必须要经历O2O模式，通过O2O技术将线上和线下的消费者、商品资源整合在一起，是未来实体店发展必然的途径。O2O模式的实施首先是把线上与线下的产品资源整合在一起，建立微信、App等通道，实现线上的快速查询；将线上线下的客户资源整合在一起，实现实体会员卡与虚拟会员卡的联合互通，将实体店的数据即时传递到线上，将线上申请的会员也即时转入线下实体店，实现轻松的资源管理；线上＋线下的销售模式，为消费者提供了全新购物体验。

随着现代化电子商务不断发展，实体书店的转型发展需要网络技术和销售相互结合。实体书店要建立O2O模式，发展全渠道销售，将提高消费者的消费体验作为基础出发点，利用多平台实现多品牌的聚合，创设智慧型体验生活书店的运营模式，实现购书消费体验的创新，促进实体书店的成功转型。

二、运用互联网思维管理模式

互联网时代，很多实体店的经营者把门店销售业绩增长情况不佳归咎于网络技术的冲击，却忽视了实体店本身在经营管理中所出现的问题，对自身的经营管理缺乏深刻的检讨。实际上，在互联网时代，实体店更需要运用互联网的思维，重新塑造属于自身的核心竞争力。所以企业的当务之急并非与互联网势力一较高下，而应当顺应时势，多想想怎样才能用互联网思维做生意。

1. 优化服务管理

相对于电商来说，实体店最大的优势无非是体验与服务。所以，实体店应该以提供高质量的商品为基础，坚持做到并坚守三大要素：首先是要专业，其次是体验，最后是服务。服装终端零售的专家表明，现如今实体店在体验与服务方面的提升空间还很大。体验和服务是实体店的最大优势，但有些实体店在这些方面做得并不到位，甚至做得还不如电商，以至于让经营陷入困难境地。以后实体店想要生存，应通过互联网思维优化提高实体店本身的服务质量，把专业、体验和服务作为核心基础，提高实体店与电商分流顾客、共享市场的竞争水平。

2. 改善管理方式

在效率为王的互联网时代，"去中心化"的管理方法势在必行。传统店铺管理模式多以垂直的树状管理模式为主，采用这种管理方式，则可以让管理模式扁平化，让权利能够流动起来，调动每个人的积极性，使大家共同服务于实体店和顾客。

3. 数字化管理

在将来，实体店发展的终极模式，就是凭借移动互联网的助推，将实体店逐渐优化成集实体和智能于一体的数字化店铺，从而打造一种以移动互联网为主的，线上线下相结合的全渠道O2O商业模式。

装修行业商业模式的规划布局，都是以实体店为主的。现如今店家就需要优化实体店的店内装修陈设，使之转化为数字化店铺。

4. 建立顾客传播渠道——互联网自媒体平台

实体店要想成功构造数字店铺的营销推广模式，就应该重视建立自身的自媒体社交平台，将各种各样的社交媒体集合成为一种属于企业本身的互联网自媒体推广宣传的平台，以此达到对商圈和顾客的低成本精准营销、大范围拓展客户、互动式会员管理的目的。

5. 员工管理

一般而言，店主如何对待员工，员工就会以同样的方式去对待顾客。现如今，零售店的招工对象基本都是以"90后""00后"为主的新生代群体，对个性彰显的这一代的管理方法需要结合制度化和人性化。零售业是一个流动性特别大的行业，人才向来都是经营者的痛点，想要管理好店铺，就必须先管好人。当前，越来越多的"00后"走进零售行业，他们的成长史，正是互联网的发展史，其个性也被打上了互联网的印记，个性张扬、自由，追求与众不同，是他们这一代人的普遍特征。这一代人不适合对其采用说教式的家长化管理，因为他们厌恶死板且单一的工作内容，缺乏"60后""70后"所具有的吃苦耐劳精神，所以，即使对他们采用工资激励的管理方式，也不会有很好的效果。面对这样的员工，管理者应当摒弃单纯依靠制度的思维模式，要更多地结合人性化管理思维，用以身作则的人格魅力感染员工，让每个员工都能感受到自我价值以及荣誉感，树立能力比投钱重要的管理意识，鼓励底层力量参与决策及管理。

年轻一代的职工拥有独立的审美，感知时尚的能力很强，更敏锐，更有个性，这更有利于营造门店的时尚化、个性化。他们更擅长利用互联网新工具与消费者沟通和互动。

由此看来，在实体店的管理方面，实体店经营者应该学会整合这一代员工的优势，让其参与到对门店的管理决策中来，制定互动式的目标与绩效管理，构造一个执行有力、顺应时势的优质员工团队。

6. 专注数据管理

专注数据，实现店铺的信息化管理，互联网孕育出的大数据是零售行业的新绿洲。大数据背景下，采购、物流、支付、反馈、营销都有了更多的数据支撑,能够帮助管理者更便捷精确了解每一个运营环节的状态,也能够提供更为可靠的决策依据。客户流量就像是门店的血液,没有好的客户流量管理能力,就无法为店铺带来活力与生机。因此,实体店正处于一个倍受电商冲击的时代,顾客的进店量、类型、时段进店率、成交率等精细数据,就显得尤为重要。

三、互联网营销

对于实体店而言,互联网营销俨然成为趋势,它必将覆盖更多人群、更广地域、更多的行业。因此实体店营销和互联网营销完全可以拥抱合作,但在现实中实体店营销和互联网营销的关系该如何平衡呢?

1. 提升营销技术

在实体店营销中,22%的营销预算会用于技术上。传统思维中,实体店大部分费用都用在实体店店租、广告、人员成本上了。而未来互联网、人工智能的兴起,必将替代部分的职业,因此,实体店营销,完全可以借助人工智能,在人工、渠道上做减法,在技术层面,可以利用App、微信、自媒体等。

2. 数据分析新思维

客户关键时刻与数据洞察成为未来营销的主战场。电商之所以能快速崛起,发展势头看似要冲击有几千年发展时间的实体行业,靠的是什么?数据的分析与洞察。如果实体店行业依旧等客户来,或者到大街上拉人,一来效率低,二来规模难以扩大,那么后面的成本优势、规模优势也难以保住。实体店也需要借助数据挖掘、分析、运用,然后再到精准平台,用精准的内容,第一时间吸引更多优质客户,达到规模化效应。

3. 全渠道采集利用数据

通过社交媒体、网络广告等采集用户的行为,将这些行为数据整合起来,实体店营销可以在第一时间定位相应的客户群及他们喜欢的款式、消费的占比,这样实体店营销也可以做到向互联网全网覆盖营销。

时代的发展犹如光速,互联网日新月异。每个时代都有其独特的主流经济模式,但这种模式一定不会是一成不变的。实体店应该放眼当下,跟随经济大势,及时调整对策,拥抱变化。

06　送货上门，做零距离电商

互联网时代来临，大部分消费者选择利用互联网来实现自身的购买行为，这对传统企业来说无疑是一场非常大的考验，再加上特殊情况，一些实体门店一度陷入困难。这也在零售市场掀起了一场变革，越来越多的实体门店开始转移至线上阵地，提供"送货上门""云逛街""直播卖货""小程序点单"等多元化服务。实体店转型线上线下一体化将成为趋势，而送货上门就成为实体店转型的一大竞争力所在。

电商环境日渐完善，各种商家的经营模式也逐渐向开放、求新靠拢，从出售产品转变为卖服务、卖体验，从传统的柜台售卖转变为全渠道营销。然而个别的商家仍然选择固守落后的经营模式，卖场生意日渐清冷，挂海报、狂打折、搞联营已然不符合如今的消费环境了。

零距离电商主要指借助互联网，厂商相对于传统经济，在提供商品与服务时，可以和消费者进行更深入的沟通与联系，链接二者，拉近和消费者的距离，即零距离销售。

在零距离销售的情况下，网络就成了消费者与厂商进行迅速沟通交流的桥梁。互联网迅速收集了消费者的需求信息，然后将其反馈至网络系统，包括供应链系统、物流配送系统、财务结算系统和客户服务系统，这样有利于实现对顾客需求的协同服务，在很大程度上缩短了商家对消费者需求的响应速度。除此之外，实体店商家还可以借助互联网系统，深入挖掘消费者的个性化需求，并据此生产设计出可以满足消费者需求的商品。

商家和消费者的零距离亲密接触，其实涵盖了三个方面的"零距离"：首先是时间上的零距离，指商家依靠互联网系统来满足消费者需求的时间减少了；其次是空间上的零距离，即顾客通过互联网来定购自己心仪的商品，跟随自己的意愿来选商品的功能与样式，选择后商家送货上门实现了消费者足不出户便能获得商家提供的产品与服务；最后是感情上的零距离，即消费者能够跟随自己的意愿向商家表达自己对商品的特殊需求，商家就可以利用互联网收集客户意见，生产出满足客户需求的商品。

消费者与厂家之间的感情联络以及对比传统的交易方式，这种交易方式的确实现了交易上的零距离接触。但与其他的经济类型相比，它的范围较小，零距离经济的内在含义还局限于互联网对交易方式和交易速度的影响上，这其实是网络经济在交易方式上的具体表现。与其将网络经济视为一种新型的经济形态，不如将其视为互联网经济在销售领域中所表现出的一种销售特性。

送货上门，提高顾客满意度和门店管理效率。

对于选择购物方式来说，网络购物无疑是当代年轻人的首要选择，网购的优势集中于它的便捷性、舒适性和价格合理性这几个维度上，而电商发展趋势的特点就是在于全民化。在一定程度上，电商的优势要大于实体店的优势,这也体现了时代发展到今日的必然趋势。纵然如此,实体店也不可能被电商完全取代,因为当今经济正处于一个线上和线下并存的交互购物时代。从企业和商家的层面来讲,要开辟线上和线下这两种销售渠道,这样能够更好地服务顾客,满足消费者需求,这才是真正的成功之道。

一、门店到家

新零售时代的来临,许多实体店开始布局线上服务系统,消费者不用出门就可以实现快速下单。商品同日送货上门能够更好地满足顾客的需求。许多店铺积极推动线上和线下相互融合发展,主动开展送货上门的服务,即顾客线上下单,其所购买的商品一般能够在一个小时之内从门店送至顾客家中,这种方法具有很强的时效性,有保障,受到了广大实体店家和消费者的广泛关注。

所谓门店到家服务,是指一些实体店利用互联网技术,通过线上和线下相互融合而开展的送货上门服务。在形式上,门店到家代表一种新型的网购方式,区别于通常的电商平台。日常生活中,顾客的购物行为一般会借助一般的电商平台,从下单环节至收货环节,往往需要等待两至三天的时间,最快也要等差不多一天时间;而门店到家服务的目标客户就是周边消费者,目的是为其提供"点对点、一对一"的送货上门服务。顾客随时下单,门店能在第一时间接到送货指令,整个过程所要耗费的时间往往不超过一个小时,这种服务方式能够最大限度满足消费者的即时消费需求,从而受到广大消费者的青睐。近几年受到影响,人们外出购物的频率降低,许多零售实体店的门店到家送货服务实现了快速增长。

提供门店到家这种服务的主要优势就是其时效性,即送货迅速,可以解决消费者的应急需求。

在线上线下加快融合的新零售时代,实体店需要紧紧跟随市场的需求变化,最大程度利用互联网大数据技术,通过深挖顾客的消费偏好,把选品和消费的个性需求有机结合起来,提高实体店的服务效率。

以超市为例,将超市的客户数据与促销单品的数据相结合,通过分析后不难发现,消费者对于餐巾纸、面粉、牛奶、鸡蛋等日常消费品的需求量很大,如果超市能合理搭配这些必需品,就可以高效促进更多超市商品的销售。所以,超市就可以推出一系列的精选商品组合,提升周边居民消费者的购买量。

苏宁的超市门店提升送货上门、服务到家的能力,以数据分析为基础,采用精准营销的方式拓展了潜在的客户群,挖掘客户的消费需求,与此同时,还利用科技赋能来提升门店到家服务的效率。它们把服务到家与苏宁"1小时场景生活圈"相融合,积极拓宽其到家服务的领域,依托线下两百多家门店的前置仓与城市核心商业圈来布局,深入链接了很多位于城市社区内的苏宁小店,这使得整个超市的布局,在业态的完整性与供应链的顺滑性等层面形成了优势互补的局面。

除此之外,它们还推出了智能拣货系统——微仓系统,即通过提供产品的图片、信息提示、任务推荐、纠错等多方位应用提高门店的履约效率与顾客的消费体验。这对于拣货的员工来说,在拣货时,商品的图片展示使得其观看更直观,优化了拣货的路径,很大程度上提高了拣货的效率;对于门店管理员来说,则有利于实时察看库存,及时上架和补充商品,增强了对货物的精准管理。

对于顾客预约的商品订单来说,微仓系统可以将备货和推送更加智能化。举个例子,微仓系统可以准确识别一些预约购买了新鲜水果的订单,识别后会在预约配送时间的前三小时将其推单至门店,这样就能够保证顾客可以享受到最新鲜的商品。

到现在,它们的服务到家业务已提升到三公里之内只用一小时就可以送达,或者十公里内半天就可以送达的供应水平了,这大幅度提升了用户的活跃度与消费者黏性。

二、实体店要同时开展到家和到店服务

在特殊时期,人们在线下购物的频率大幅度降低,而到家服务的消费需求则逐渐递增。实体店应该加快线上和线下的融合发展,积极开展门店的到家服务业务,不断地拓展商品的配送范围,优化配送时效,以便满足顾客更多的消费需求。

一位教授曾提到,随着移动互联网技术的广泛应用,人们生产和生活的方方面面都发生了很大的改变,人们逐渐养成了线上消费的习惯,门店的终端物流体系也在逐渐完善。这些现状都为实体门店开展到家服务业务打下了坚实的基础,使得越来越多的零售企业可以以较低的成本,利用互联网技术上线门店服务,实现到家和到店业务的融合发展。

以永辉超市为例,其逐步落实数字化转型,全方位打通转型渠道:更新拓展供应链资源,提升企业自身履行合约的水平。永辉超市到家业务的订单数、客户数等得到了很大提升。实行转型后的第一个季度,永辉超市的到家业务销售额就高达20多亿元,同比增长了2.3倍。

京东则是开拓了京东到家的线上服务平台,打通线上线下的商超门店,首批引入近万个线下门店和近300万种商品品类,配送范围覆盖了100多个城市。与此同时,京东到家覆盖近万个生活圈。这样的到

家服务让消费者不仅能享受到百万种快速消费品的次日达、当日达、小时达,还可以体验到各种商品快速到家的配送服务。

《中国零售业的变革与机遇》中曾提到,有67%的实体店商家表示会积极拓展线上销售的渠道,拓展到家业务或前置仓布局,将到家服务和到店服务深度融合,将双重服务的形式常态化。

事实上,实体店的数字化转型不仅要靠互联网技术的叠加,还要靠门店组织与管理形式的深刻变革。有一些专家表明,门店开展到家业务,以实体店为中心的周边1~3公里内的消费者为主。确实,线上销售可能会使门店的毛利率有所降低,包装配送费用的提高,可能增加门店的经营成本,这对实体店的运营、供应链、技术和物流配送等综合能力提出了很高的要求。所以,零售门店应根据门店的地理位置、自身产品结构等现实情况,定制适合自身企业发展的到家业务发展战略与计划。

实体店也能够利用微信小程序、微信群或第三方电商平台等渠道拓宽门店线上获客触点,搭建线上社群,加强对会员用户的管理,达到精准服务的水平,增加顾客黏性。

三、自我提升

要做到送货上门,实体店还需考量自身能力,弥补自身资源的不足。

1. 实体店要具备供应链能力

当下,人们对于消费需求的满足逐渐提高,以往的线上电商平台是在两三天之内将商品送到消费者手中,但是由于一些保鲜食品等行业产品的特殊性,这些企业也会着手内部供应链的提升,从而保证在配送送货上可以大大缩减时间。

实体店提高供货能力可设置前置仓,打造强大的供应链能力。实体店经营者可以通过系统及时了解店面库存情况，一旦发生缺货，也不影响消费者购买，系统可指派客服指导客户在线上下单，由总仓给客户发货。商家无须惧怕小区超市因缺货导致客户流失。

2. 实体店需拥有多种配送能力支持

消费服务的需求具有多样化，每个消费者对配送的需求有所不同，实体店经营应该提供多种配送能力，为消费者提供个性化服务。比如有的顾客距店铺较近，想直接上门自提，也有的因为家中有老人，不方便自提，想配送小哥送货上门，这些情况在提供服务时应该都要考虑到。线上下单提供快递配送和门店自提两种服务方式，消费者可以根据自己的意愿来选择。

打造零距离送货上门的电商有几大优势：

（1）融合线上线下服务，设立具有时效性、便捷的消费模式；

（2）提供升级化服务，节省顾客购物的时间成本，实现了生活方式的改变；

（3）突破位置客流的限制，为门店带来更多的顾客。

实体店送货上门要保证产品的质量，分析产品的特点和使用功能定位对应的客户群；通过平台评价改善顾客对本店及商品的偏见，即时回答顾客的提问，让消费者对本店有信赖感。实体店家还要与顾客建立长期友好的业务联系。

实体店送上门的产品一定是优质的产品，要时刻遵守服务原则，若以次充好，不仅会失去门店的客户，还会失去门店未来发展的市场。实体店送货到家的服务是保持客户满意度、忠诚度的有效举措，也是保护消费者权益的最后防线，更是企业摆脱价格大战的一剂良方。

互联网让很多联系变得更加方便快捷，让体验更加完美。实体店提供送货上门服务，市民购物不用提着大袋小袋，点点鼠标，货就送到家。所以在与电商的竞争下，实体店应找准自身定位，着力提高门店的核心竞争力，提高服务质量，也能留住属于实体店的消费者。当线下实际的购物场景和线上数据算法打通后，实体店就会有更多的发展空间，线上线下相结合也是实体店的未来发展方向。

第六章 06

裂变：实体店的破局之道

随着数字化时代的到来，线下实体门店的经营成本越来越高，吸引顾客的难度也随之增大。在新时代的赛道上，老牌零售企业、互联网企业和新兴品牌都在狂奔。实体店面临着深刻、复杂的变革。

一方面是实体店的困扰：节节攀升的店租，水涨船高的运营成本，为了销售额而缺少的服务意识以及与电子商务的博弈。

一方面是网店的困局：网店获取流量的成本已经几乎等同于线下实体店，流量红利已经消失；体验式服务的缺失，使消费者无法通过电子商务获得完整的购物体验。

01 拯救实体店突围转型的不二法门——超级用户思维

不管是实体店还是网店,大家对客户份额的竞争已经进入白热化状态,面对这种情况该如何破局?形势越是复杂,越要保持头脑清醒,想清楚现状是什么,自己需要什么,应该做什么,能做什么。

按照传统的模式,流量转化率很低。我们需要拥有超级用户思维,以传统的终端促销的加强为基础,整合关系营销、数据库营销和会务营销等新型营销方式的方法和理念,对市场精耕细作,全力以赴进行单点突破,开展终端市场的裂变,这种裂变的营销模式,效果必将是传统流量的很多倍。

例如拼多多等社交平台电商,其在给实体店带来竞争的同时,也为线下实体店带来了一种全新的营销思维,即裂变营销,这种思维可以运用到线上营销,进行涨粉引流,同样也可以放到线下实体店实现引流转化。

实体门店可以采用以下几种引流裂变的方法,转变经营思维,裂变加盟,为门店带来更多客流,获取更多利润。

2017年12月31日,得到App创始人曾在跨年演讲《时间的朋友》中提到超级用户思维,他表示流量时代已经结束,超级用户的时代已经到来。他说:过去,商业世界的主题是和对手竞争;而未来,商业世界的主题是追赶用户。

中国互联网处于成熟期,新零售时代的大概念应运而生,在这个时期,实体店经营的传统套路与过往的成功经验不再适用于此时的大环境。

在确保新实体门店具备竞争能力的策略中,并没有颠覆性的新战术出现,企业的核心策略仍然需要集中在拓客和复购这两方面,但对待这两者的思维角度和判断标准已经发生了重大的变化。

这么多年以来,实体经营的策略大部分遵循着从促销到拓客的单线策略,门店业绩的好坏取决于客流量、导购的转化能力和新客户的贡献。当门店获客的难度变大,获客成本随之增长,这条单线策略将无法为实体经营提供可持续发展的利润。

目前,实体经营的最大的矛盾就是,获取新客的成本将大于新客转化的利润。加之,互联网销售不再是零成本,消费者心中的考量目标更高,消费者的耐心、注意力、挑剔的眼光甚至优越感不断考验着实体店的经营。于是,最近几年,超级用户的说法频频出现在大众视野,简而言之,超级用户的概念与普通用户的概念相对立,即通过付费服务所筛选出来的门店品牌的"真爱粉"。

就像世界上大多数事情都符合二八定律一样,不同用户为企业带来的利润也并不是平均分布的。一件商品60%以上的销售额可能是由极少数超级用户贡献的,比起一般用户,他们购买的频次更高,购买的量更多,能为企业带来的利润也更多,他们甚至还具有帮助企业不断优化产品,拓展更有价值的产品类型的潜力。

一、想确保业绩,必须认识超级用户

超级用户,也被称为精准流量。所谓的超级用户就是那些对某种产品关注度极高的,甚至不需要做任何广告,他们也会不请自来,定期到相关店铺去选取适合自己的商品的用户。

对于一个品牌或者公司来说,超级用户是绝对不容忽视的,他们虽然占比少,但是贡献的利润是非常可观的。通过了解他们的需求和意见,然后做出有针对性的改变,企业也会产生超级的增长。

与普通用户相比,超级用户购买品牌产品的意愿也更强,花费也更多,在品牌用户的总数中,尽管他们的占比很少,但是他们所带来的销售往往是普通用户的 3 倍到 7 倍甚至更多。超级用户对于品牌的热爱度和忠诚度很高,他们更愿意为改善产品或服务提供一些宝贵的建议,门店以此改善原有的产品服务,有助于其改善经营模式,激活自身的门店文化,吸引更多的新用户和潜在用户。

实体店家想要从流量思维转换为超级用户思维,需要拓展更多的新用户,不断向外扩张,使新用户能够获取向内而生的品牌力量;深度经营用户关系,将运营指标转向 NPS(Net Promoter Score,净推荐值)值和 ARPU(Average Revenue Per User,用户平均收入)值。这种转变深化了用户思维的存在,促进了社交货币的进化和社群思维的迭代,更代表了一种处于全新商业规则下的新物种方法模型与估值体系。

在传统经营中,流量思维的核心是如何获取新用户,而超级用户思维强调的则是要服务好门店已经拥有的老用户。店家怎样识别新老用户呢?付费就是一种很具代表性的筛选行为。但是,超级用户的付费与交易行为并不具有零散性和随机性,他们对产品功能有明晰的界定,重视产品带给自身的价值感,即超级用户的标签即为门店的产品。

超级用户在为一些特殊的服务权益付费后,就会与品牌建立深度的信任感,进一步加深确认了用户关系。为超级用户提供的服务形式有伴随式、共建式等,代表了商业模式和不断迭代的过程,也是实体店趋于个性化的用户服务过程,这要求实体店提高自身的技术手段和产品能力,完善体验细节和内容连接,构建完整的反馈机制。

在运用超级用户思维的过程中,一般而言,用户筛选和用户进化需要通过四个阶段:从普通用户发展到付费用户,再到超级用户,最终去裂变用户。

普通用户:即与超级用户相对的一些受限制的用户,也包括一些虚拟和伪装用户;

付费用户:购买一些品牌产品和服务,完成交易行为;

超级用户:完成对品牌的信任转化,加入门店的会员系统,拥有购买产品和服务的最高权限;

裂变用户:转化为品牌的口碑放大者或者代表一种连接新用户的渠道。

二、细分用户的平均占比

除超级用户之外,用户还分为:潜在超级用户、习惯性用户、低涉入用户。通过超级用户战略,我们可以改变用户群体的分布,让更多的人变成超级用户。

就普通用户来说,降低产品使用门槛,提供便捷度更高的产品或服务是关键。潜在超级用户对某类产品也很感兴趣,因为对于产品的了解不够,所以不会像超级用户那样投入大量的资金,因此也很容易被影响。

习惯性的用户只是基于习惯的消费而不是真正的热爱。

低涉入用户占比最高,他们在产品上花的钱不多,一般的商业手段也很难影响他们。实体店如果想要拥有更多的超级用户,就需要利用大数据来衡量、分析数据,定位超级用户,而且要吸引他们重复购买,让他们成为忠实的用户。

超级用户都有一个共同的特质,他们会痴迷地热爱某一类的产品,并且对类似商品的产品使用率非常高,然而,也应该注意区分,大量地购买同一品牌产品的重度用户不一定就是超级用户。他们也许出于某种原因需要定期复购此类产品,这可能代表了一种习惯性的购买行为,而不是真正出于对这个品牌的高度热情才去购买产品。由此可见,重度用户不一定就是超级用户。

超级用户是不能用购买量来判断的,他们大部分还热衷于开发品牌产品的新用法,他们不仅仅会购买产品,还会对产品投入更多真情实感。经营者要密切关注超级用户对产品的评价和建议,激发他们对产品的热情,使之购买更多的产品,并且推荐给更多人。

与普通用户相比,超级用户最大的不同点就在于用户的心理维度层面。普通用户仅仅停留在购买产品、服务的单纯行为上,而超级用户则是一种持续购买的行为,他们会时刻关注产品的新闻资讯,活跃在该产品的各个社区或者论坛,期待新品的上市以及产品的更新。同时他们认定一个产品也会购买同品牌下的其他产品,甚至会发掘和购买一些品牌线中从未重点推广过的小众产品。

三、提高超级用户的拓客率和复购率

1. 实现普通用户向超级用户的转变

普通用户转变为超级用户往往会有一个契机,会通过一些产品来提高自己的工作效率和更好的生活。他们都有自己独特的使用场景,

会在生活和工作中的某个阶段与产品产生交集，比如工作中出于某种需求的达成而使用一个工具，或者当他们为人父母以后，在陪伴孩子的过程中因为孩子对他们的影响培养出新的爱好。超级用户仿佛自带浪漫属性，每一个超级用户背后，可能都有一个不为人知的、与产品密切相关的故事。

因此，店家需要寻找到这些极富热情的用户，并与他们相接触，去听取他们的需求，深入把握这些用户的品位、感情、消费行为等，从而将营销精力投入吸引广大潜在超级用户的领域，并据此高效决策，协调部门职能，跨界投资，创新产品类型，设计独特的商业模式，更好满足消费者需求。

许多获得成功的公司都有属于自己企业的超级用户，他们热爱其产品，对品牌的黏性高，为企业的用户社群贡献了许多价值。

2. 用营销组合吸引超级用户

超级用户的经营创新，在于持续创新品牌策划传播活动，或以线上线下立体式数字营销策划点燃超级用户的消费热情，或以产业级品牌战略提升其消费价值认同感，或以在店流量经营策划等提升超级用户的线下聚合力。

对于产品的消息推送，首先要精准定位超级用户，之后逐渐细化符合他们的需求，进行相关消息推送，做到精准营销，从而提升品牌的知名度和曝光度。

超级用户不仅代表产品的最高权益，更意味着在用户关系中，其确立了对品牌更深层次的信任感。

3. 组成超级用户社群

将超级用户组成超级用户社群，有助于企业创新产品模式，突破原有的商业模式。让超级用户参与新产品的开发或是产品的优化，是非常有效且成本又低的方法。

我们要做的就是找到超级用户，把他们集结在一起，了解他们想要借助我们的产品解决什么问题，准确地了解他们的诉求，以此来改善我们的产品。由于他们对使用场景有更深的拓展，因此能更好知道产品的不足点在哪里，优先需要改进的是什么。准确地了解超级用户的需求，通过他们的需求进行改善产品和服务，还会获得更多普通用户的关注使销售增长。

仔细倾听超级用户的意见对企业和产品来说是至关重要的，他们的意见远比广撒网式的调研成本更低，但是效率更高，需求更加准确。超级用户的产品使用需求比一般的用户更加敏感。

由此看来，企业可以邀请超级用户参与产品的设计、制造、营销等环节，这不仅有利于企业获得他们对于产品的功能、情感投入方面的精准需求，还能够提高企业产品的创新效率，形成企业独特的产品风格。

4. 满足超级用户需求，吸引潜在用户关注

一个企业的经营，一个产品的开发，其首要目的就是满足超级用户的需求，也只有满足了超级用户的需求才可以吸引更多潜在的超级用户或者普通用户的关注以及转化。

超级用户不仅是现有的高价值群体，他们更是一个个传播中心，同时又是很好的产品改进器，他们对产品有着无以复加的喜爱之情，这种喜爱会让他们自发地为产品做宣传；他们也会去寻找对同一产品有着同等喜爱的其他的超级用户，并逐渐地集结在一起。

现在很多广告逐渐倾向于用故事或内容来带货，这些广告的本质就是利用生动的、与产品或品牌相关的故事引发用户的情感共鸣，从而

使他们产生对产品的认同感及购买欲望。从超级用户身上发掘的故事远比广告公司策划编写的故事剧本更加真实且具有感染力。

5. 通过超级用户去吸引其他类型的用户

用户可分为潜在超级用户、习惯性用户和低涉入用户。通过超级用户战略，我们可以改变用户群体的分布，让更多的人变成超级用户。

除了识别并利用好现有的超级用户之外，还可以把普通用户及低涉入用户转变为超级用户，转变的核心手段主要是通过改善乐厌比。

就普通用户来说，降低产品使用门槛，提供便捷度更高的产品或服务是关键。潜在超级用户对某类产品也很感兴趣，因为他们对于产品的了解不够，所以不会像超级用户那样投入大量的资金，因此也很容易被影响。

超级用户的高传播力是不可小觑的。同样是每个月消费100元，但可能超级用户在微博上拥有的粉丝更多，并且这位粉丝量极高的用户又愿意介绍和推荐此产品，从而使产品获得更多新用户的青睐，引发产品销量的大增或品牌的快速传播，那么这些用户对品牌来说，就成为高传播力的超级用户。

习惯性的用户只是基于习惯消费，低涉入用户占比最高，他们在产品上花的钱不多，一般的商业手段也很难影响他们。

实体店如果想要吸引更多的超级用户，就需要利用网络技术，收集大数据，定位超级用户，并将其留存。随着超级用户社群密度的增大，社群效应也会随之变强。

02 打造超级用户体系的阵法解析——会员制五步循环法

既然了解了当下实体门店真正的困局和外部威胁,也看清楚了超级用户对门店经营的重要性和长远意义,那么,有没有什么模型可以让我们有章可循,导入会员制的实施呢?

实体店打造会员制度可以采取五步循环法。

从一个陌生人变成门店的超级用户,存在一个过程。对门店而言,要从会员层面实现业绩的增长,必须正视会员成长的 5 个阶段:从初次相识(招募)开始,进行第一次有效的接触(转化),通过接触行为的发生,进一步了解客户的深层次需求(管理),从而实现进一步的成交(挖掘),最后在这个会员身上实现利益放大(口碑)。

实际场景中,会存在会员的多种交叉状态,比如:一次活动既要转化会员的复购,又想激活口碑传播。实体店可以阶段性地从一个角度集中力量突破,比如,当下的重点就是要大量招募新会员的加入,就集中人财物,实现效果的最大化。实体店应该从招募、转化、管理、挖掘、口碑这五个方面打造会员制体系。

一、招募——线上线下结合吸引客流

1. 提前划分客户类型

对于大多数实体店的经营者来说,他们对顾客的管理和认知还停留在较为粗放的层面,比如用价格战引流,却没有分辨这些顾客是不是店铺的核心目标顾客;比如我们喜欢用搞好关系的方式维系老客户,却不清楚到底是不是关系越好的顾客价值越高。

根据顾客九阶段理论,实体店店主需要决定把主要精力放在哪些顾客身上,为此,在招募前期阶段,要按照由浅入深的关系提前将客户划分好类型,并分别命名,同时匹配每一类顾客所对应的特权,这就是会员级别的划分和会员权益的设置,一般兼顾初级、中级和高级。

2. 设置吸引力大的入门特权

招募会员的过程,是尝试吸引过客进店并引导其消费的过程,门店需要设置一些具有诱惑力的入门特权,吸引路人和观望者参与进来。常见的做法有设置一些礼品奖项,比如进店有礼、体验有礼、分享有礼、入会有礼等。

3. 线上线下结合完成招募

通过利益刺激引导顾客留下自身的信息,即办卡,但往往一个新顾客会因为办卡的操作烦琐而拒绝,例如需要登记较多的个人信息、前台员工操作的时间过长、顾客完成登记的流程烦琐等,都会严重影响顾客招募的成功率。

店主可以放弃人工记录纸质档案的做法,引导顾客通过自己的操作完成招募办卡的流程,而这一流程越简单越好。目前,最常用且有效的做法是:在店内现场通过快速注册二维码,引导顾客完成办卡流程。

4. 员工选择合适的时机

门店员工向顾客推荐办卡，而顾客常常会反感此类营销，这就是因为推荐的时机没有把握好。

商家让顾客办卡的动机，是为了增加顾客回头率、复购率，而不仅仅是为了回笼资金。消费者办卡的目的是享受性价比更高的服务，而不是贪图便宜。

如果需要现场人员推荐，员工最好在客户最满意的时候进行推荐，例如整体服务得到认可时，或者在消费者急需优惠与特权时，在买单可以得到更大的优惠时。

二、转化——多触点刺激促进成交

1. 酬赏

在转化环节，店主需要重点解决的是进店后的成交问题。会员营销的实操阵法中，在转化环节首先要做的就是让刚刚成为会员的顾客，第一次感受到自己身份的特权。

所以在招募阶段，就应该预设会员本次消费时很容易过期的酬赏，例如成为会员后，获得当天（或 3 天内）有效的现金券，这些现金券甚至可以指定到某些品类；或者是赠品特权，当新会员第一次购物达到条件时，可以获得某些能够直观感受到价值的赠品。这样的策略其实是利用了消费者心理，因为已经获得的酬赏，轻易放弃了会很可惜，因此增加了本次消费的可能性。

2. 紧迫感和稀缺性

无论是线上还是线下，但凡顾客驻足之处，经营者都要善于营造紧迫感和稀缺性，诸如仅剩 3 件、最后 1 天的这些元素，如果出现在顾客可及的视野内，就会触发顾客更多的购买欲。

3. 先领券再购物

为了增加顾客的购买率，实体店可以在每次顾客进店时或者进店前主动引导顾客先领券再消费。当消费者浏览店铺时，80%以上的人会选择先点击领取代金券，即使对这家店没有消费需求，也会顺手领取。

顾客领到代金券之后，就会产生一种心理状况——弃之可惜的酬赏，结合系统中代金券的到期提醒，以及设置动态有效期，例如自领券之日起一天内有效，这些方法都是为了刺激顾客的消费转化。

三、管理——多方位数据分析

会员营销的核心是会员的数据，而使用会员营销系统最大的优势也是能够通过程序运算多维度统计会员的数据特征，从而分析顾客的消费行为，找到更精准的营销切入点。

如果店主只拿系统的数据作财务对账，就大材小用了，但一般系统内的数据报表众多，需要把握核心数据的重要性。

1. 掌控顾客的消费习惯

要做到这一点，店家首先要观测会员的活跃度分析表，这里我们可以从三个维度来进行观察，通过会员消费的"金额统计""频次统计""最近消费时间统计"，充分了解顾客的消费习惯，从而找到顾客在自己店铺的平均消费周期，以此策划后续的营销活动和营销策略。

2. 掌控顾客的偏好类型

要观测销售报表中的销量统计，找到最受欢迎的品类和具体商品，分析各类型会员的不同喜好,以便为后续选品、定位决策提供依据。

3. 掌控活动实施效果

有一个容易忽视的是数据维度,就是评判促销活动是否有效的数据报表,因为店家通常会使用优惠券作为促销活动的核销凭证,所以统计优惠券的发出量、使用量,就能知道促销活动对业绩的带动效果。对这些数据逐一统计和分析,可以使日后促销活动的效果有很大提升。

四、挖掘——投其所好多形式促进复购

挖掘环节的重点是如何让已经沉淀下来的老顾客持续贡献,这也是会员营销的精髓之处,只有做好这一步,才有可能获得低成本拉新和业绩持续增长的效果。对待挖掘环节需要重点关注两点:留客、复购。

1. 21天顾客维护计划

21天是一个习惯养成周期,也是一个顾客从对一家店有初步好感到淡忘的平均周期,所以,经营者从一个新顾客产生开始的21天里,一定不要错过这一黄金留客期,可以参照以下方式制订维护计划,有三个步骤:

第一个阶段,要在一周内尽可能地留住客户。在这一阶段的计划中,顾客到店后的3到7天内是最重要的时间段,在这一时期,店铺需要争取获得顾客的信赖,关键在于感动和共鸣的感情关联。

感谢信的维护计划需要让顾客感觉到"去那家店真不错,我的选择是对的",具体的措施是:短信推送,传统书信邮寄,电话回访,或者其他类似的表达感谢的行为。

对待新会员,店家还可以通过周期性减价留住消费者,例如,入会第二天半价、第二周减100元、第二个月减200元的活动,逐步地把新客户培养成老客户。

第二个阶段的关键点是一周后的小赠礼。在送达感谢信之后,趁着顾客对本店的好感留存,可以邮寄一些小赠礼,从而让顾客惊叹门店细心周到的服务和温度,并且让之前那些认为感谢信是理所应当的顾客也感到震惊,更确切地说,是感动。

这些小赠礼是指基本不需要花费成本的东西,比如一些小额代金券,或者可以到店使用的赠品券等。礼物的关键在于要让顾客感受到这家实体店为顾客考虑,为顾客花心思的温度。

第三个阶段则是筛选 21 天内向顾客推送的产品信息。这些信息可以是新品的推出介绍、优惠券领取、顾客的反馈、交流的产品话题以及举行店庆活动的消息等,也可以是店主自己的故事经历,对产品的感情,或者店主开店所追求的产品理念。

这是为了让顾客感觉到一家店对顾客的重视以及店主的心意。

2. 消费价值转化

让顾客的每一次消费,都能够转化成可视化、可量化且有价值的东西。例如在会员营销中,积分策略通常可以增强顾客的黏性,培养客户忠诚度,这和游戏让人上瘾有类似的作用。当顾客投入越来越多的金钱和精力,转化为顾客可以直观感知的、可获得的更多的积分值、勋章、经验、会员等级、消费券金额、打折力度等,这时,顾客会越来越难从当前状态放弃并离去,会增加他们对店铺的黏性。

第一,合理计算积分成本。

把握产品的利润空间,制定适合的奖励环节。

第二,积分使用价值多元化。

礼品兑换:常见的积分兑换礼品的形式,它的优势是能够让顾客的积分价值形象化,劣势是积分的使用周期过长,一般一年兑换一次,平时的刺激效果较弱。

会员升级：除了积分兑换礼品的方式外，还可以把积分用于会员级别升级。例如：消费满 5 000 分，自动升级为金卡会员，享受更高的特权。

积分抵现：除此之外，我们还可以支持顾客直接把积分当现金，结账时直接使用。

这三种积分的使用方式，分别体现了不同的价值：兑换礼品可以带来长期的利益刺激；会员升级实现中期利益刺激；积分抵现实现短期利益刺激。

第三，积分用途智能化。

结合以上三种积分兑换形式，还可以提供更为智能的积分使用途径，在用户体验上进行优化，例如：

自动短信提醒——顾客积分达到某种礼品兑换级别时，自动短信提醒，告诉顾客积分可兑换产品，请到店兑换；

微信积分商城——通过手机微信，查看积分可以兑换的内容并直接在线兑换；

积分自动结账——在收银的环节，勾选积分支付，可以直接把积分抵算成现金结账。

3. 连环消费

通过自动化促销模式，让消费者在结束首次消费后就有再次消费的目标，不断刺激顾客复购。例如，消费满额自动送券，或者消费指定产品就可以自动获得另外某一指定产品的消费券，这些都会提升顾客重复购买的概率。

4. 精准营销

能让顾客重复购买的最有效的方法，是找到顾客的喜好，然后进行精准营销。这也是在管理环节中对数据分析的价值。通过数据统计，把顾客按消费偏好进行分类，在同类产品上新或促销时，进行精准推送。

当顾客总是第一时间接收到所需产品的推送时，会提高他们对品牌的忠诚度。

五、口碑——会员变员工，人人都是业务员

门店注重口碑的主要价值体现在两方面：低成本带来新客户和提升企业形象，归根结底共同目标都是提升业绩。在会员营销的五个环节中，口碑既是整个流程的终点，又是另一个循环的起点。门店获取新客户的成本和难度与日俱增，以低成本高效率获客，依赖于老用户的推荐行为。

1. 会员推荐酬谢

首先，我们需要为老会员的推荐行为提供酬谢。根据门店经营需要，可以对老会员推荐发展新会员的行为进行酬谢，也可以更进一步，只要是老会员介绍的新顾客，后续都会拿出一定比例作为对老顾客的酬谢。门店可以使用积分进行酬谢，这样可以让酬谢有更多样的转化手段。

2. 情感转化

在实际操作中，有一些店主认为，对推荐行为进行太直白酬谢会让老会员不好接受，毕竟大家不好太直白地享受优惠。对于优化对老顾客推荐进行酬谢的问题，其实可以转变一下思维，把酬劳关系转化为情感关系，也就是说，如果店主能给会员提供一个推荐的机会，那么会员会更愿意接受。

例如，某些特权和优惠只有少量会员才能得到，而他们可以把这些少数人才能拥有的价值转赠或分享给朋友，这种做法从情感上可能更容易接受一些。

3. 娱乐中分享

在社交关系中，最无障碍的社交就是娱乐！

人们通过游戏可以更容易与其他人产生接触和交流。如果实体店给顾客提供参与游戏的机会，让老顾客在游戏的过程中分享产品，推荐的覆盖面可能会更广。

有一个关键点需要店家注意：所有的游戏娱乐不能仅仅是娱乐，要设置答谢环节，完成特定任务即可获取奖励，当然这个奖励需要店家精心准备，要与本店产品密切联系，比如代金券、体验装等。

4. 展示会员体验

在网购平台上，消费者可以通过买家秀和买家评论去评论商品以及商家的宣传是否真实。关于解决信任问题，这种方式是最有效的，从已经购买、体验过的人口中得到感受和建议，有利于新的消费者作出消费决策。

所以，店家在和客户互动的过程中，需要设置类似这样的环节，让老顾客说出他们选择并热衷于本店的真心话，把正向的评判展现在店内、朋友圈、公众号以及所有可能让潜在客户看得到的平台上。

03　会员制落地实施指南

会员制，本身就是一个通过产品质量彰显价值、通过产品定价策略决定门槛、通过用户口碑增强黏性的过程。平台要提高会员的忠诚度，增加用户的留存并持续变现，这才是会员制模式想要实现的最终目的。

通过会员制留下来的用户，多数都是对企业产生了价值认同和高度信任的。实行会员制，能使店家和用户之间互利互惠，会员制可以让用户能用较少的钱得到更好的产品或服务。

由此看来，会员制对实体店的作用不可小觑。

那么，实体店应如何设计一套更具吸引力的实体店会员制度呢？

打造会员制的核心逻辑就是要盘活门店既有的流量。店家应转变经营思维，从流量思维转化为用户思维，不是简单的拉新和转化，而是要增强客户黏性，提高顾客重复购买的概率；还应该利用前端流量的数据，精准重构后端的供应链，逐渐减少门店的边际成本。

一、七步打造持续盈利的会员体系

紧跟会员制的潮流趋势，提升本店会员体系的竞争力、效果、设立方案以及持续盈利能力，这些都是实体店需要解决的难题。对此，实体店可以根据如下七个步骤，打造持续盈利的会员体系。

1. 明确目的

打造会员制营销体系其实就是为了提升实体店的业绩，那么门店业绩该如何提升？

业绩由客量、客单、回头次数构成。

门店要提升客量，就要设计引流型会员方案；

门店要提升回头次数，就要设计增强用户黏性的会员方案，即黏性型会员方案；

门店要提升客单，就可以针对相对滞销的高额商品制定专属的会员体系，即盈利型会员方案。

目的不一样，门店的会员体系就不一样。

2. 区分属性

会员经济的本质，是人对归属感的需求，不同类型的会员，要给他们一个符合归属感的称谓。

起名首先要关注的是归属属性，其次是尊贵属性，然后是区分属性。

归属属性，比如小米的会员，称之为"米粉"，豆瓣的核心用户，称之为"豆粉"。群体的名称有辨识度，会更让人有归属感。会员制本身就是一个类似于社团、俱乐部一样的群体组织，理应有一个符合自己个性的名字。

尊贵属性的实例有，海底捞黑海会员、网易的超级会员，还有各种至尊会员、钻石会员等。

区分属性，指的是顾客被分为多个会员级别。有些是按高中低划分的,例如初级会员、中级会员、高级会员;有些是按颜色划分的,如黑、红、金海等。

3. 设置入会门槛

设置门店会员门槛首选方案是付费,把会员资格明码标价,顾客付费之后才能获得对应的特权。会员门槛是付费入会,那么会员制就会成为门店的另外一个盈利点。

4. 会员权益

在设置会员权益的时候,可以针对顾客的性格特点提供权益方案,这样效果更好。

门店要重点考虑软性服务、稀缺资格等方面的设计,除了会员日,还可以关注会员区、会员生日庆祝等。

5. 回本机制

这是在会员特权的基础上,进一步解决顾客不愿意付费办会员的重要步骤,目的是让顾客觉得,办卡之后能够立刻把花出去的钱省回来。设置可以让顾客感觉回本的赠品方案,遵循赠品成本可控的原则,赠品应具有高质量和高价值认同度。

6. 黏性机制

一个好的会员体系是为了让顾客长期多次消费的,那么顾客回头率靠什么刺激呢?就是黏性机制。例如德克士的免费券、现金抵用券,就是为了让顾客重复消费。黏性机制就是能够直接刺激顾客多次到店的方案。

7. 裂变机制

裂变机制是让传播力强的老顾客充分发挥他们的价值。

稀缺性让老顾客内心得到满足，而裂变带给新老双方的价值，又是他们主动参与的原动力。会员裂变机制，一般分为三个阶段：买方、卖方和投资方。

二、拓客引流设计

多数实体店商家都承认现在的引流越来越难，可正因如此，大家对引流的追求愈发狂热。

既然拓客引流无论困难与否大家都不愿放弃，那么就应该在当下寻找一条行之有效的新出路。

1. 打造会员存量池

门店对客流量的需求，就像农田对水的需求。

会员存量池比较原始的方式有纸质会员名录。电子化的登记表格，这属于初级存量池，里面记录了顾客的姓名、电话、消费或储值记录，有了这些信息，你可以通过打电话的方式再次跟这些顾客联系。

但随着互联网的发展和普及，原始的做法并不利于门店长期经营，越来越多的实体企业借助网络技术不断完善自己存量池的功能，目前常见的工具包括：会员营销系统、微信群、公众号、微商城、小程序、抖音等其他自媒体平台，这些工具或多或少地体现了会员存量池的属性，实体店商家应该根据自己掌控的情况，去选择相对合适的工具，选择合适工具的前提是你能否借助工具发挥存量客户的价值。

2. 设计流量入口

第一步打造好一个会员存量池，紧接着，就要为这个池子设计入口管道，以便让外部流量进入池中。引流的标准一定是让顾客入池，如果使用会员制的语言，就叫入会，这是特别容易忽略的环节，后续会发挥重大作用。

首先，要让员工感到特别简单，方便他们执行；其次，入门的福利要足够直接；最后，人气氛围必不可少。

而除了线下店门口的热闹氛围之外，所能触达终端顾客的所有入口，都应该能体现很有人气的感觉，比如通过微信群散布活动信息，响应是否热烈；通过小程序、在线商城等工具，在线页面看上去是否像热卖爆款一样，还是冷冷清清一看就没有人购买过。这些细节，统称为人气氛围的设计。

3. 设计引流爆款

多数情况下，门店要靠主营产品来引流，这样可以确保引来的客户多数是目标客户。但也不尽然，只要我们意识到引流一定是要最大程度吸引目标客群，就可以借助一些目标客户比较感兴趣的爆款产品作为引流产品。适合作为引流的爆款产品有哪些呢？

刚需类是人们生活的必需品，它还可以再细分为高频使用的和专用类产品。像食用油、鸡蛋、卫生纸这些，不仅具备高频属性，还是易耗品；另外一种刚需品是专用类产品，其受众面不广泛，但也是专业必需品。

还有一种为超值类的产品，也是用得最多的爆款策略，这也是目前大众消费最无抵抗力的产品形态。超值类商品也分两种：高性价比和付少得多。

高性价比，比如小米的产品，如小米手机、小米电视，这些产品几乎颠覆了原有行业的潜规则，总是以价格优势渗透于各个全新的领域。有人说小米手机不再便宜了，但其始终在采用高性价比的方式去开发更多的产品，这就是高性价比策略。

另外一种是付少得多，这也是走大众消费市场的企业使用最多的方法，最常见的是超市卖洗衣液，买 1 桶送 1 桶，再送塑料盆等，这种策略始终有效。

爆款产品不同于礼品，给人以免费赠送的感觉。现在越来越多的企业之所以用产品引流，而非用礼品引流，也是为了摆脱消费者对于市场活动的惯性认知。作为企业方，我们希望自己拿出去的东西能够被顾客感知到价值，并且愿意为此买单。

4. 设计传播机制

这一步真正体现门店拥有自己的存量客户的重要性。用存量找增量的核心就在于能够在接触面有限的前提下，通过人的传播力扩大引流影响力。

硬广告需要投入大量资金购买广告资源，然后靠天然转化率层层过滤，这种宣传渠道一定有其存在的价值，店主可以根据自己的经济实力酌情选择。

然后是转述，这就好比是口口相传，想指望顾客和围观者主动传播活动话题，不是不可以，只是这种方式对于话题本身的策划能力和时效性要求更高。对于大多数中小型门店来说，传播效率太低。

那些普适性的传播机制，转发的可行性最高，其投入成本低、操作难度小，关键是传播速度快。因此，我们应该在引流的传播环节重点考虑设计促进转发的奖励机制。

设计爆点策略，即将引来的流量尽量集中汇总导入门店，形成线下门店门庭若市的实际场景。

三、顾客留存设计

只有把客户牢牢地锁定在门店，门店的销量才能大大提升。千万不要把自己客户的后续消费留给竞争对手。对实体企业来说，引流是头等大事，从店铺选址开始，一切工作似乎都在围绕如何让更多的顾客进店而努力。决定门店生死存亡最重要的因素，并非引流，而是留存。

事实上，有很多成功的知名老店，他们在营销层面只做留存，顾客留存做得好，引流就变成水到渠成的事情了。对于引流拓客这件事，投入一些推广资源是能引来一些新客流，而留存则意味着更多老客户的回头，但除了坐等顾客上门之外，似乎并没有太多策略能够增加留存客户的持续贡献。因此，即便老顾客的回头消费很重要，但也只能被动等待，实体店商家要做的就是设置顾客留存策略。

第一，门店要打通线上销售渠道，结合线下体验，拓宽服务范围，提升实体店的认知度。

第二，采用数据分析，研究客户的各项购买指标，研究留存。

流量只是敲门砖，留存复购才是一家企业和实体店的生命线。

四、会员裂变设计

对于实体店来说，会员裂变是最好的拓客手段。会员裂变就是把老客户变成门店的主动营销者，让他们主动拉新，为门店带来更多优质客源。可以说门店只要具备了一定量的忠诚会员，就会拥有源源不断的新客，你的客户量就会越滚越大。因此门店必须牢牢把握会员裂变之道，帮助门店取得更高业绩。

门店应设计适合自己门店经营的裂变模型，打通途径，让顾客顺理成章地进入裂变轨道。

对于裂变模型，有三种不同维度的设计方法，它们的共同点在于，前提是门店的产品或服务足够优秀，设计的核心在于产品高价值。

三种裂变模型的设计方法如下：

1. 社交裂变模型

即通过选择一款易受欢迎的门店产品,设计该产品的引爆点,该引爆点可以是产品免费赠送或者可以让顾客享有特惠价格,然后再给用户一个容易完成裂变的任务,待到其完成裂变任务,再给予一定的奖励。

2. 老带新裂变模型

若根据250定律来看,每一个人的背后都有至少250个准客户,如果门店把顾客服务好,使之成为门店的影响力中心,老顾客就会把身边的人介绍为门店的新顾客,让客户资源再生资源,让业绩暴增。

实体店其实有很多老带新裂变用户的方法,比如,邀请有礼、拼团砍价、分销裂变、裂变红包、集卡营销等。会员裂变效果强大、操作简单,可以有效刺激老顾客主动裂变新客户,推动店铺的业绩不断提升。

3. 指数裂变模型

指数裂变模型是基于人有多种角色的前提设计的,即在消费者当中会存在卖方,也会存在资源能力更强的投资方,门店要根据他们各自的具体情况分别为他们设计利益机制,来调动他们的资源运作能力。

五、异业联盟设计

想要走出互联网电商冲击的困境,实体商家需要抱团取暖。那么如何抱团才能打破当前生意冷清的现状呢?其实异业联盟是一个非常好的途径。

异业联盟,即双方具有互惠互利的合作关系,借助彼此的品牌形象和知名度,来吸引更多客源,打造双赢的效果。如果实体店选择适合的合作方和恰当的方法，异业联盟可以很好地改善实体店经营，找到彼此新的盈利突破点，但多数有此意向的实体店商家，都缺少一套能够推动联盟向前发展的运作方法。接下来重点讲解如何设计异业联盟。

1. 利他思维

以前联盟合作可能是等对方为自家门店引流，如今应该转变思维，主动想办法为合作伙伴带去价值，谁是联盟发起方，谁就要做出表率，帮对方打造导流通道。如果联盟双方各打各的算盘，只想如何对自己有利，那么异业联盟的后果将不是双赢，联盟将没有意义。如果实体店转换为利他思维，主动为对方引流，如此循环，门店将会得到业绩的加倍提升。

2. 联名定制

异业联盟想深度合作共同发展，一定要有联名定制服务，如果没有，联盟的合作就不牢固。衡量异业联盟的合作关系是否稳固，是否利于长期发展，有一个判断标准：联名定制。对方店里销售的引流产品，其实最好就是联名款，这样更能够名正言顺地让顾客到别的店享受延伸服务。

3. 谁贡献谁受益

对于异业联盟的合作来说，有一条默认原则：谁贡献的客户，谁永久受益。合作商家一定要永久享受各自贡献客户的终身价值，以此来摆脱合作方因为共享而导致顾客流失的担心，并且将合作方贡献的会员在联盟内产生的消费收益，也按照一定比例返回。

04　会员制战术应用及案例解析

随着时代变迁,会员制的使命也在发生变化。会员制度由来已久,但其实施的具体方法并不局限,从早期的增值服务到如今的生态会员,会员形态的更新是时代变迁的结果。会员制在发生变化的同时,用户的需求也在悄然升级。

会员成长的路径,包括积分升级和兑换商品升级,再到消费场景的拓展。相比其他的会员解决方案,场景会员打通了会员的各种场景权益,包括社区和购物中心,从有形到无形,以此激活用户更多的体验感受。

对于遍布大街小巷的各类实体店而言,应该怎样去利用会员制这一手段来制造更大的效益呢?下文将通过列举各种类型的会员制场景和案例来进行分析。

一、拉新活动

1. 新人入会礼

新人入会礼:将品牌的过客转化为顾客,通过利益的吸引,使顾客入会提交个人信息,建立品牌联系。门店将会员的资料数据化,对客户进行筛选和细分,为后期的精准营销奠定基础。不能单独脱离目标会员客群和项目实际情况来考虑礼品的选择,而客群的多样性和多变性,往往需要考虑多种礼品进行组合配套,进行更新变化。

场景演示:新会员扫码可参加抽奖

(1)燕麦奶品牌引导顾客扫码,注册信息成为会员。

(2)仅会员可参加的抽奖,最高价值奖品是1 L价值约50元的咖啡大师燕麦伴侣。

案例:男装品牌7天内新增会员6万多名

某男装品牌的拉新活动以14款高性价比的毛衣作引流,这些毛衣商场价格都在千元以上,线上活动价以499元两人团的老带新拼团形式推广,入会还享受包邮、储值优惠福利。男装品牌在7天内新增60多万名会员,业绩破百万,还收获了1 000多名销售员。

2. 老带新推荐奖励

老带新推荐奖励:老会员通过自身影响力和传播力发展和带动新会员,增加店铺消费者数量和会员数量。

场景演示:实体店的五折券,朋友圈的朋友先到先得

(1)为老用户提供更多更便捷的推荐方式。

(2)任选一种推荐方式都可获得推荐奖励,可以通过微信自动发放。

案例:拉新人入会有提成

超级用户拉一个新人入会提成150元;高级用户拉一个新用户入会提成200元;中级用户拉一个新人入会提成250元。

3. 优惠券的分享裂变

优惠券的分享裂变:消费者给好友分享电子优惠券,通过裂变的形

式使两方都可以拥有优惠券。会员可以把自己拥有的特权分享给其他人,并可以获得一些分享奖励。

场景演示: 会员福利券,1张变10张

(1)加入会员时,店家为老会员发放优惠券。

(2)会员领券后分享给好友。

(3)好友领取优惠券之后,到店享受该优惠券福利,分享人也可以得到奖励。

案例: 咖啡邀请好友免费喝

新用户首次下载某咖啡应用进行消费,就可以免费点饮品,还可以将应用的下载链接转发给好友,如果好友通过链接成功下载应用,双方均可以获得一杯免费的饮品,以此进行用户分享裂变。

4. 支付即会员

支付即会员: 当消费者通过设定场景营销,在线下支付后自动成为该商户会员。支付即会员抓住了每一个散客,真正完善了本店的会员数据库,实现会员精准营销。

场景演示: 支付即入会,入会有奖励

(1)客户扫描支付二维码,启动快速开卡功能。

(2)无须填写,一键完成注册,进入支付页面。

二、锁客营销

1. 消费领红包

消费领红包: 若消费者购买一定金额的商品后,就能获得红包奖励,红包的金额还可以用来二次消费,这样不仅减少了门店的促销成本,还在很大程度上提高了消费者的客单价。消费领红包也会引发消

费者的附加消费,这种附加消费还能够清理门店的滞销商品和库存。

场景演示:红包返现奖励

(1)预先制定红包返现的奖励规则,顾客消费后可通过微信或小票参与抢红包活动。

(2)红包金额是不确定的,有一定的不确定性和随机性。

(3)消费额达到标准即可获得红包奖励,顾客可在规定时间内消费。

2. 消费后抽奖

消费后抽奖与消费返红包的营销逻辑相似:顾客消费满额时,可以获得抽奖机会,店方通过抽奖大转盘或其他形式,为顾客提供一些大奖或者礼品券。

场景演示:周末抽奖免单

(1)预先设计好抽奖规则,顾客消费额达到条件后,可参加抽奖活动。

(2)根据消费金额来决定获奖概率。

(3)可利用微信支付进行摇一摇抽奖活动。

3. 消费即送优惠券

顾客进行消费便可以获得下次可使用的优惠券,通过这样来实现消费关联,吸引顾客进行二次消费。优惠券可设置为无门槛代金券或指定产品种类的体验券,设置有效期增加紧迫感。

场景演示:订餐便可获得午餐券

(1)预定餐品的送券规则可以为,午餐消费满30元,送6张5元午餐券,每张的使用期限为一天。

(2)下单后即可获得餐券,在下次消费时可以使用。

三、客单价提升

1. 发放限额优惠券

发放限额优惠券作为商家的一种促销手段,有利于宣传商品,提升商品的销量,它的优惠金额和使用条件由商家设置,也是有时效的,具体的使用时间应在顾客领取时说明。

场景演示:

优惠券可按使用门槛、使用范围、发放主体的不同来进行分类。用户可以在店铺平台的首页上领取优惠券,也可以在线下的促销活动中来领取,还可以通过点击朋友圈的优惠券链接领取等。

2. 套餐活动

套餐活动,即商家在促销的过程中,由主产品连带附属配套产品,包括它的增值服务共同销售,使之融合起来,一同售卖,视为一种异业联盟的营销手段。

场景演示:

套餐活动是指将多种不同商品组成不同套餐类型的销售活动,消费者可根据套餐购买套餐一或套餐二活动。

案例:

中国移动曾推出价值为49元的月租套餐卡,套餐内服务包含通话时长1 200分钟,其单算每分钟0.1元,通话1 200分钟就需要花费120元,但是在套餐中只需49元。除此之外,流量购买也非常优惠,套餐中提供国内通用流量100 G。这个套餐的原价为98元,但是购买月租套餐卡仅需花费49元。

然而,若使用月租套餐卡,用户在两年之内不能销户、过户或者更改套餐内业务，这表明用户的使用权限被限制了。实际上，这张月租卡的套餐相当于两年花费了 1 176 元，这就是中国移动推出此类套餐的目的。但是套餐中提供的 1 200 分钟的通话时长和 100 G 的国内流量确实比单独购买优惠很多，对于经常使用的用户来说，套餐月租卡的性价比还是很高的。

四、积分营销

1. 积分抵现

积分抵现是商家用来刺激顾客消费的一种营销模式，消费可获得积分，积分可以用来兑换礼品或抵现金。积分主要通过购买消费、做任务来获取，通常的形式为，注册会员消费后可获得积分，购买指定商品可获得积分，拉新人入会也可获得积分。

场景演示：

积分的抵现设置。抵现上限金额为按订单比例规则时，若可抵金额不足一元，不支持抵现金，假如设置最多可抵现为订单的 1%，若订单实付金额（不包含运费、不包含优惠）为 80 元，则最多积分抵扣为 $80 \times 1\% = 0.8$（元），不足一元，不可抵现。

2. 积分兑换

通常情况下，积分可以兑换成一些商品或服务。当会员使用积分兑换商品时，会员制系统会扣除相应用户的积分，会员系统提供积分查询功能，可以记录每笔积分积累、兑换商品的明细。

场景演示：

（1）用积分兑换产品

消费者凭积分以较低的价钱选购商场定时发布的特惠商品。如：

定时发布的商品换取主题活动,消费者可凭积分以相对特惠的价钱,再选购商场发布的商品。消费者积累越多积分,就可换取更多品类的商品,享有更多的门店特惠。

(2)凭积分兑换小礼品

门店会员系统可根据积分多少将会员分为几个不同的档次,每个档次的会员都可以获得对应级别的小礼品,且分别兑换与会员级别相对应的商品。

(3)以积分兑换折扣券

消费者将积分换为折扣券使用。例如,消费者持VIP卡购物,每消费一块钱可积一分,选购特殊性的商品可得到两倍积分,积分达到一定额度后可去商场柜台换取一张折扣券,消费者在付款时提供折扣券,可免减相对额度的钱款。

案例:

万里通的平安信用积分卡算是最早使用积分体系的商户,在构建积分体系的过程中,不断完善每一个积分环节,将这种模式的使用范围不断扩大。万里通也逐渐与一些商家开展合作,将会员积分合并,使之成为一个通用积分。商家会员通过兑换万里通的积分,来兑换更多种类的产品,商家也能通过万里通为会员提供更多高质量的回馈礼品。

从2016年9月12日起,万里通正式并入壹钱包作为其中一个积分模块提供服务。万里通会员可以消费其他商家产品获得积分,这个积分也可以在壹钱包购买商品时抵扣现金。

壹钱包是平安旗下一个第三方支付产品,与支付宝是直接竞争关系,新并入的万里通积分在用户默认页是没有预设的,需要用户手动添加万里通积分服务。用户在添加后也可以选择删除。积分服务并不是壹钱包的核心业务。

此外,京东作为中国最大的自营式电商企业,具有丰富的商品品类和自营电商对商品品质的品牌保证。京东集团的金融产品——钢镚,从积分角度看,是一种通用积分。在很大程度上,钢镚已经具有货币属性,1钢镚可以直接在京东购物时抵扣1元人民币。钢镚实质上已经为积分用户提供了直接的变现渠道。京东钢镚已接入包括京东商城、北京移动、中国电信、光大信用卡、民生信用卡、中信信用卡、北京银行信用卡以及太平洋财产保险在内的,涉及金融、保险、航空、旅游各行业的多家合作商家,这些商家覆盖的顾客群广,与京东的顾客群重合度高。对商家而言,其获得了一个非常丰富的积分兑换市场,再加上京东高效的物流体系,能够为商家会员提供品质很高的会员福利。

对京东而言,钢镚作为京东消费金融领域的重要产品,为其吸引了大批用户,开拓了消费金融市场,同时也促进了京东商城的产品销售。

3. 积分换购

门店建立积分管理体系,将积分分为不同类型,顾客可以使用积分对商品进行换购。积分换购是一种促销手段,有利于增强会员黏性、加强用户体验。

场景演示:消费一元人民币即获得一积分,顾客可在生日当天购物消费,并且能够获取双倍的积分。持卡人因为各种原因发生退还刷卡消费款项时,积分也相应消除。

案例:

在屈臣氏购物时,消费者若购买一件价值为100元的彩妆品,可使用500个会员积分。消费者可选择在付款时利用积分抵现,500个积分可以抵现金 25 元,那么在付款的时候消费者只需要支付 75 元。

屈臣氏的积分主要是以消费作为积分兑换前提,按照两个条件兑换:

(1)每消费 10 元可获得一个积分。

(2)每 2 个积分可以抵现金 0.1 元。

顾客可以选择在购物时抵现金,也可以选择继续累积,在日后的消费中体验价值更高的商品换购权。

4. 积分抽奖

在门店的线上平台内设置一个抽奖专区,用户积分可以用于兑换抽奖资格,赢取更多商品福利。

场景演示:

提前设置好抽奖活动的规则,规定好获奖人数和所获奖品。顾客在参加积分抽奖时,可以根据其会员编号为其设置唯一的抽奖编号,在抽奖过程中将采用人工抽取或者随机抽取的形式抽取顾客编号作为中奖标识。

案例:

某生鲜超市就在其品牌会员日开展积分抽奖活动,线上积分抽奖有可能获得苹果手机。除此之外,超市还设置了其他奖励,如超市代金券和提货券等,抽到最小奖励的会员也可以获取 10 个会员积分,可以再获得一次抽奖机会。

会员日,每位超市的会员顾客可享受 3 次免费抽奖的机会。3 次机会使用完毕之后,每抽一次奖,就会在总积分中扣除 10 个会员积分。这次会员积分抽奖活动在会员日当天吸引了 200 多人参与,顾客参与激情较高,且员工积极引导促销,再加上超市还设置了奖券当天有效的活动规则,使超市在会员日当天的营业额翻倍增长。

会员积分营销的手段，相比不管是进攻还是被攻都会损失八百的价格战，是店铺营销和消费者体验的升级。

未来，稀缺的不再是物质，稀缺的将是商家们的服务精神！

未来，消费体验将是消费者越来越重视的商品。消费者能够在购买商品的服务关系中得到商品本身之外的消费体验。随着新中产的崛起，沉浸式体验消费和个性化服务将融入消费者的日常生活，并且会占据越来越重要的位置。

未来，实体店应该是温暖的。实体店比拼的一定不是谁的价格更低，谁的销量更高，而是谁的服务体验更好。商家和消费者将不再是简单的买卖关系，而应该是一种服务关系，商家将愈加注重合理价格、质量优化和沉浸式体验等方面的打造，以便为消费者提供更专业的服务和产品。

后记

在"互联网+"时代,电商、网购盛行,实体店虽然近在我们身边,却又似乎逐渐在淡出我们的视野,它正面临着前所未有的寒冬。

新零售的时代,实体店终究要变革转型。互联网在消费领域的应用已经非常成熟,但是它与实体经济的深度融合却面临着巨大的挑战。

本书从实体店当前有何困局以及如何打破困局来分析,对实体店所面对的挑战以及运营新思路做了一些解读。缺憾难掩,便掀起变革,实体店的黄金时代,已悄然来临。借力逆袭,着力用户。运营管理,精益求精。裂变加盟,实为破局。

纵观实体店的发展变革之法,笔者只想为实体店家提供新的转型思路与具体做法,希望能对实体店有借鉴和指导价值。

新零售概念不是伪命题,新零售概念并不是简单要求线上和线下相加，而是在互联网思维下的全新运行方式。实体店不是没有未来，是时代的飞快发展，要求它也需要以更快的速度实现变革。

变革是经济发展中阶段性洗牌的必然过程。不管时代如何变迁，实体店经营的本质没有变，打破传统的门店经营方式，提高自身的服务水平与竞争力，改变老旧的营销观念，为消费者提供更多方便和优质的购物体验；以用户为中心，升级自身的产品与服务，不断打磨自己的产品、经营管理和服务，以不变应万变，借助互联网新态势构造实体店运营管理新模式。

唯有这样，实体店才能屹立于时代的潮头而不倒。